Christine Altstötter-Gleich, Fay C. M. Geisler

Perfektionismus

Christine Altstötter-Gleich, Fay C. M. Geisler

Perfektionismus

Mit hohen Ansprüchen selbstbestimmt leben

BALANCE ratgeber

Christine Altstötter-Gleich, Fay C.M. Geisler
Perfektionismus
Mit hohen Ansprüchen selbstbestimmt leben
BALANCE ratgeber

1. Auflage 2018
ISBN-Print: 978-3-86739-165-8
ISBN-PDF: 978-3-86739-885-5
ISBN-ePub: 978-3-86739-900-5

Bibliografische Information der Deutschen Nationalbibliothek
Die Deutsche Nationalbibliothek verzeichnet diese Publikation in der Deutschen Nationalbibliografie; detaillierte bibliografische Daten sind im Internet über http://dnb.ddb.de abrufbar.

Der BALANCE buch + medien verlag ist ein Imprint der Psychiatrie Verlag GmbH, Köln.
www.balance-verlag.de

Lektorat: Sandra Kieser, Köln
Illustrationen: Claus Ast, Nierstein
Foto, Umschlagkonzeption und -gestaltung: GRAFIKSCHMITZ, Köln, unter Verwendung von Bildern von naoto sonda / shutterstock.com und myshkovsky / istockphoto.com
Typografiekonzeption und Layout: Iga Bielejec, Nierstein
Druck und Bindung: medienHaus Plump, Rheinbreitbach
Zum Schutz von Umwelt und Ressourcen wurde für dieses Buch FSC-zertifiziertes Papier verwendet.

Die Materialien zu diesem Buch können Sie unter www.balance-verlag.de/buecher/detail/book-detail/perfektionismus.html herunterladen und ausdrucken.

Downloadmaterialien

Hoffnung auf Erfolg oder Angst vor Misserfolg – was motiviert Sie?

Vermeidungsverhalten unter der Lupe

Ein Blick zurück in die Kindheit

Nutzen und Kosten meines Perfektionismus

Perfektionismus auf der Waagschale

Nutzen und Kosten einer Veränderung

Wägen Sie Kosten und Nutzen einer Veränderung ab

Das Schwarz-Weiß-Tagebuch

Kriterien für eine depressive Episode

Das Gedankentagebuch

Sieben Fragen zum Realitätscheck Ihrer Gedanken

Alternative Gedanken zu einem Misserfolg

TIC-TOC-Liste

Was will ich wie verändern?

Weil ich es mir wert bin

Informationen zum Selbstwertgefühl

Zum Herunterladen und Ausdrucken unter www.balance-verlag.de/buecher/detail/book-detail/perfektionismus.html

Einleitung

Gibt man den Begriff Perfektionismus in eine Suchmaschine ein, findet man neben Ratgeberseiten, Selbsttests und Buchtipps eine Reihe von Zitaten. Von Aussagen wie der von Konrad Adenauer »Die Krankheit unserer Zeit ist der Perfektionismus« über Willi Brands Einschätzung »Perfektionismus ist ein schreckliches und nicht nur deutsches Laster« bis hin zur Schlagzeile auf dem Cover der Zeitschrift Stern »Lebst du schon? Oder bist du noch perfekt?« wird dabei ein in der Regel alles andere als positives Bild transportiert. Aber ist das auch so? Ist Perfektionismus eine Krankheit, ein Laster oder gar etwas, das uns am Leben hindert? Dieser Frage soll in diesem Buch nachgegangen werden, dessen Umfang allein schon deutlich macht, dass sie nicht mit einem einfachen Ja oder Nein beantwortet werden kann.

Auf der Ja-Seite stehen nicht nur Schlagzeilen und Zitate, sondern auch unzählige Beiträge in Internetforen und der Leidensdruck, den viele Menschen dort ausdrücken, die sich selbst als Perfektionisten bezeichnen, mit ihnen zusammen leben oder arbeiten. Auch vielen Therapeutinnen und Therapeuten ist das Phänomen vertraut und in psychosomatischen Kliniken gehört es nahezu zum täglich Brot, insbesondere dort wo die Behandlung von Depressionen, Burn-Out oder Essstörungen im Vordergrund steht.

Und auf der Nein-Seite? Hier fällt es sehr viel schwerer, Hinweise und Argumente zu finden. Und das gilt nicht nur für das Internet. Auch die Forschung zum Phänomen Perfektionismus zeichnet kein klares Bild, was nicht zuletzt daran liegt, dass es gar nicht so einfach ist, Perfektionismus frei von einer eher negativen

Bewertung zu definieren. So beschreibt der Duden ihn als »(leicht abwertend) übertriebenes Streben nach Perfektion«. Erst wenn man auch den Begriff Perfektion nachschlägt, wird deutlich, dass weniger das Streben nach Perfektion das Problem sein könnte, als dessen Übertreibung und (leichte?) Abwertung.

Perfektion, laut Duden die »höchste Vollendung in der [technischen] Beherrschung, Ausführung von etwas« ist dagegen etwas, das wir uns in vielen Bereichen wünschen. Vollendung impliziert Vollkommenheit, Vollkommenheit Fehlerlosigkeit. Wer möchte nicht, dass sein Zahnarzt sein Geschäft perfekt beherrscht, oder diejenigen, die die Flugzeuge bauen, mit denen wir in den Urlaub fliegen? Wo stünden wir, wenn es nicht Menschen gäbe, die beharrlich daran arbeiten, Dinge zu vervollkommnen? Wir würden vermutlich heute noch unsere Wäsche an Flüssen waschen, als Schreibwerkzeuge Meißel und Steinplatten verwenden und Zähne ohne Betäubung mit der Zange gezogen bekommen. Gleichzeitig machen solche Beispiele eines deutlich: Wer Fehler beheben will, muss sie erst mal finden, und wer Lösungen sucht, setzt sich der Gefahr aus, dabei auch mal den falschen Weg einzuschlagen oder gar zu scheitern.

Dass die Stärke, Fehler zu finden, gleichzeitig auch Schwäche sein kann, liegt gerade im Zusammenhang mit dem Bild, das wir von Perfektionisten haben, auf der Hand. Sind das nicht die, die nie mit etwas zufrieden sind? Wie wir sehen werden, ist auch der Umgang mit der Möglichkeit zu scheitern und die Einschätzung der Bedeutung von Fehlern ein Kernelement des Perfektionismus und wesentlich für die Frage, ob Perfektionismus krank macht oder nicht.

Dieser Ratgeber ist von der Idee getragen, dass man der sogenannten »Perfektionismusfalle« nicht zwangsläufig dadurch entkommt, dass man alle fünfe gerade sein lässt, sich weniger anspruchsvolle Ziele setzt oder die Ansprüche an die eigene Leistung tiefer ansetzt. Sicher ist das eine Möglichkeit, aber mit diesem Gedanken ist für viele Perfektionistinnen und Perfektionisten auch die Angst verbunden, als Versager angesehen zu werden, nicht mehr wertgeschätzt zu werden und an Ansehen und Respekt zu verlieren. Der Gedanke, die Dinge nicht mehr so gut wie möglich zu machen, hat für sie etwas Beängstigendes. Angst haben sie aber auch vor dem Scheitern, das umso wahrscheinlicher wird, je höher die selbst gesetzten Ansprüche sind. Vielleicht ist es genau das, was Perfektionisten das Gefühl gibt, in der Falle zu sitzen: Das Gefangensein zwischen der Angst, ihre Ansprüche zu senken und der Angst, den eigenen Ansprüchen nicht gerecht zu werden.

Wir haben dieses Buch geschrieben, um Wege aufzuzeigen, diese Ängste oder Bedenken als das zu erkennen, was sie in unseren Augen sind: Hindernisse auf dem Weg, sich selbstbestimmt auch anspruchsvolle Ziele zu setzen und konstruktive Lösungswege für Probleme zu finden, die einem auf dem Weg der Zielerreichung begegnen. Dazu werfen wir zunächst einen Blick in die Forschung zum Thema Perfektionismus. Wir zeigen auf, welche Prozesse daran beteiligt sind, dass Perfektionismus zum Problem wird, welche Wurzeln diese Eigenschaft hat und wie Ihren Problemen therapeutisch begegnet werden kann.

Dieses Buch beschränkt sich jedoch nicht auf die Analyse des Phänomens Perfektionismus. Vielmehr nutzen wir das Wissen über die Probleme, die mit perfektionistischen Tendenzen verbunden sind, um Mittel aufzuzeigen, die es ermöglichen, diesen Problemen zu begegnen. Wir schlagen vor, diesen Ratgeber von vorne durchzulesen. Lesen Sie erst was Perfektionismus ist und wie er entsteht, bevor Sie sich den Übungen zuwenden. Überspringen Sie auch nicht das Kapitel zur Therapie. Es ist ganz bewusst vor der Hilfe zur Selbsthilfe platziert. Ein letzter Tipp: Einige Abschnitte enthalten sehr viele Informationen, die erst einmal verdaut werden müssen. Nehmen Sie sich dafür Zeit. Legen Sie einfach ab und an Lesepausen zum Nachdenken ein und steigen Sie danach wieder ein.

Bei einigen Denkanstößen und Übungen in diesem Buch werden Sie aufgefordert, sich Notizen zu machen oder Fragen zu beantworten. Sie können dies direkt im Buch tun oder sich die jeweiligen Materialien unter www.balance-verlag.de/buecher/detail/book-detail/perfektionismus.html herunterladen und ausdrucken.

Bevor es los geht, schauen Sie sich doch noch einmal das Bild auf dem Cover an. Sie sehen dort eine Teeschale, die mit der traditionellen japanischen »Kintsugi«-Methode bearbeitet wurde. Die Scherben des zu Bruch gegangenen Stücks werden dazu mit einer Kittmasse wieder zusammengesetzt, die feinstes Pulvergold enthält. Die Technik steht in der Tradition des Zen-Buddhismus und ist Ausdruck der Wertschätzung von Fehlerhaftigkeit. Damit ist diese Schale ein wunderbares Symbol: Fehler kann man nicht vermeiden. Sie zu machen ist etwas zutiefst Menschliches und viel häufiger, als wir vielleicht denken, bringen sie etwas hervor, was eine ganz neue, positive Qualität hat. Zu lernen, sie wertzuschätzen und die Auseinandersetzung mit der eigenen Fehlerhaftigkeit anzugehen, ist ein wichtiger Schritt hin zu dem Ziel, das der Titel dieses Buches anspricht: mit hohen Ansprüchen selbstbestimmt zu leben.

Perfektionismus – was genau ist das eigentlich?

Die systematische Forschung zum Thema Perfektionismus ist relativ jung. Erst 1980 erschien einer der ersten Artikel zu dem Thema im Fachjournal Psychology Today. Der Autor, David BURNS, ein inzwischen emeritierter Professor der Stanford University of Medicine, zeichnet darin ein sehr dunkles Bild des Perfektionismus: Ängste und zwanghaftes Verhalten, Depressionen, eine erhöhte Wahrscheinlichkeit, Selbstmord zu begehen, usw. – die Liste von psychischen Erkrankungen, die für den Pionier der Perfektionismusforschung mit diesem Persönlichkeitsmerkmal einhergehen, ist lang. Ergänzt werden muss sie heute um Ess- und sexuelle Funktionsstörungen, bei denen hohe Ansprüche an den eigenen Körper zu schweren psychischen Beeinträchtigungen führen können. Einen guten, kurz gefassten Überblick zum Zusammenhang zwischen Perfektionismus, körperlicher Gesundheit und psychischen Störungsbildern bietet der Psychotherapeut Nils SPITZER (2016). Auch die australische Psychologin Sarah EGAN und ihre Kolleginnen fassen eine Vielzahl empirischer Studien zu den wichtigsten psychischen Störungen zusammen (EGAN u.a. 2011). Sie kommen zu dem Schluss, dass Perfektionismus sowohl ein Risikofaktor ist für das Entstehen so unterschiedlicher psychischer Erkrankungen wie Anorexie und Bulimie, Angst- und Zwangserkrankungen oder Depressionen und Selbstmordneigung, als auch ein wichtiger Faktor, der diese Störungen aufrechterhält.

Um zu verstehen, warum Perfektionismus ein Risiko für das physische und psychische Wohlergehen ist, und um daraus geeignete Maßnahmen abzuleiten, um den negativen Konsequenzen zu begegnen, ist es sinnvoll und notwendig, »den« Perfektionismus genauer zu betrachten. Schließlich erkranken ja nicht alle Menschen, die Perfektion erreichen wollen, sondern sie werden auch zu Erfindern, deren Erkenntnisse und Produkte unser Leben bereichern, zu Spitzensportlern, deren Leistungen wir bewundern, oder zu Künstlern, deren Können uns Freude macht und Respekt abverlangt.

Normaler und neurotischer Perfektionismus

Oder warum es gesünder ist, dem Misslingen nicht mehr Aufmerksamkeit zu schenken als dem Gelingen

Zwei Jahre vor David Burns beschreibt Don HAMACHEK (1978) von der University of Michigan Perfektionismus etwas differenzierter als dieser. Er unterscheidet zwischen einem *normalen Perfektionismus* und einem *neurotischen Perfektionismus*. Beide Formen des Perfektionismus haben gemeinsam, dass sich Menschen mit einer hohen Ausprägung in diesen Merkmalen sehr anspruchsvolle Ziele setzen. Um diese zu erreichen, sind sie bereit, große Anstrengungen auf sich zu nehmen. »Normale« Perfektionisten ziehen dabei aus ihrem Streben nach exzellenten Leistungen ein Gefühl von Befriedigung. Sie freuen sich über Erfolge, stärken so ihr Selbstwertgefühl. Bei »neurotischen« Perfektionisten ist das nicht der Fall. Sie empfinden nur selten Befriedigung über ihre Leistungen, weil sie kaum jemals etwas als gut genug beurteilen. Nach ihrer Einschätzung gibt es immer noch Spielraum für Verbesserungen, ist da immer noch etwas, das sie hätten besser machen können oder sollen.

Bringt man die Annahmen von Hamachek auf den Punkt, kann man sagen, dass die Aufmerksamkeit von »normalen« Perfektionisten auf das Gelingen dessen was sie tun gerichtet ist und auf das, was erforderlich ist, um Erfolg mit dem zu haben, was sie tun. Kleine Abweichungen von einem vollkommenen, idealen oder eben perfekten Ergebnis können so leichter akzeptiert werden oder werden sogar zum positiven Anreiz, sich noch ein bisschen mehr zu bemühen. Gleichzeitig ist der Blick auf das, was gelungen ist, Belohnung für die Mühen, macht stolz und trägt so zu einer Stärkung des Selbstwertgefühls bei.

»Neurotische« Perfektionisten richten ihre Aufmerksamkeit dagegen eher auf alles, was darauf hindeuten könnte, dass etwas *nicht* gelungen ist und auf das, was auf ein mögliches Scheitern hinweist. Dabei ist ihre Perspektive häufig durch ein ausgeprägtes Schwarz-Weiß-Denken geprägt. Pointiert ausgedrückt hat unter dieser Perspektive kaum etwas die Chance, als gelungen angesehen zu werden: selbst kleine Abweichungen werden registriert und als Hinweis auf ein Scheitern der eigenen Bemühungen interpretiert.

Damit keine Missverständnisse entstehen: Es ist wichtig, dass wir in der Lage sind, Fehler zu erkennen. Ohne diese Fähigkeit würden wir uns und anderen viel Schaden zufügen und ohne zu erkennen, was nicht optimal ist, wäre sozialer, wirtschaftlicher und gesellschaftlicher Fortschritt nicht denkbar. Aber es fällt nicht schwer, sich vorzustellen, dass eine zu starke Fokussierung auf die Defizite unseres Handelns kein Gefühl der Belohnung für die unternommenen Anstrengungen nach sich zieht, dass statt Stolz eher Schuld und Scham über das subjektive Versagen empfunden wird und dass dieses Erleben das Selbstwertgefühl eher schwächt als stärkt.

BOX 1 Wahrnehmungsübung Positiv-Negativ

Suchen Sie sich einen Platz in Ihrer Wohnung, an dem Sie sich wohlfühlen. Das kann Ihre Lieblingsecke in der Küche sein, ein Sessel oder Sofa, Ihr Bett oder auch Ihre Badewanne. Machen Sie es sich gemütlich, wo auch immer das ist und was auch immer Sie dazu brauchen. Fühlen Sie in sich hinein und nehmen Sie Ihre positiven Gefühle bewusst wahr.

Richten Sie dann Ihr Augenmerk auf Ihre Umgebung und überlegen Sie, was dort alles verändert werden müsste. Sollten vielleicht die Blumen gegossen oder überhaupt mal wieder welche gekauft werden? Hängt da vielleicht ein Bild ein bisschen schief oder würde es an einem anderen Platz besser wirken? Müsste der Boden vielleicht mal wieder gesaugt oder gewischt werden oder bräuchte das Zimmer eigentlich bald mal einen neuen Anstrich? Usw.

Schnell werden Sie merken, dass Ihr anfängliches Wohlgefühl verschwindet, vielleicht sogar einem Unbehagen weicht oder einem Gefühl der Anspannung. Deshalb sollten Sie die Übung auf keinen Fall zu lange ausdehnen. Es geht dabei ja nicht darum, Ihnen Ihren Lieblingsplatz zu vergällen. Vielmehr soll deutlich werden, wie schnell ein positives Gefühl verfliegen kann, wenn man die Aufmerksamkeit auf Defizite richtet.

Ja, es stimmt, bei genauerer Betrachtung kann vieles optimiert werden. Wenn uns nicht auffallen würde, dass unsere Pflanzen Wasser benötigen oder der Teppich mal wieder eine Runde Saugen vertragen könnte, würde dies auf Dauer sicher auch nicht zu unserem Wohlbefinden beitragen. Aber seine Aufmerksamkeit zu stark auf das zu richten, was verbessert werden könnte, führt auf Dauer zu einem Übermaß an negativen Gefühlen und zu Anspannung. Es ist für unser Wohlbefinden wichtig, die positiven Aspekte einer Situation nicht aus den Augen zu verlieren. Schließen Sie die Übung daher damit ab, dass Sie sich bewusst auf das konzentrieren, was Ihnen in Ihrem Umfeld gefällt. Sie können anschließend auch Ihre Blumen gießen oder den Boden putzen. Vergessen Sie aber auf keinen Fall, sich dann an dem Ergebnis zu freuen!

So kann als erster Faktor, der dazu beiträgt, dass man an seinen hohen Ansprüchen an sich selbst erkrankt, eine Tendenz festgestellt werden, seine Wahrnehmung zu stark auf mögliche Fehler und Defizite zu richten. Vor allem die Folgen für das eigene emotionale Erleben sind hierbei problematisch. Wenn Sie wollen, können Sie mit der Übung in Box 1 versuchen, sie am eigenen Leib zu spüren.

Positiver und negativer Perfektionismus

Oder warum es gesünder ist, Erfolg haben zu wollen, als zu versuchen, Misserfolge zu vermeiden

Peter Slade und Glynn Owens (1998) haben sich auch damit befasst, was Menschen, die unter ihren hohen Ansprüchen leiden, von denen unterscheidet, die gut damit zurechtkommen. Sie gehen ebenfalls davon aus, dass es zwei Arten von Perfektionismus gibt: *positiven Perfektionismus* und *negativen Perfektionismus*. Wie Hamachek sehen auch sie einen wesentlichen Unterschied der beiden Arten des Perfektionismus in der Bedeutung von Gelingen bzw. Erfolg und Scheitern bzw. Misserfolg für das Verhalten und Erleben. Sie stellen dabei zwei grundsätzlich unterschiedliche Motive in den Vordergrund, die dem für Perfektionisten typischen Setzen hoher Standards zugrunde liegen: den Wunsch, damit positive Konsequenzen zu erlangen, versus den Wunsch, damit negative Konsequenzen zu vermeiden.

Positive Perfektionisten setzen sich nach Slade und Owens anspruchsvolle Ziele, um Erfolg zu haben. Erfolg sichert ihnen das, was in der Psychologie *positive Verstärkung* genannt wird und umgangssprachlich am besten als Belohnung bezeichnet werden kann. Es kann sich dabei um Lob oder Anerkennung handeln oder auch um ein hohes Einkommen, das es einem erlaubt, sich den einen oder anderen Wunsch zu erfüllen. Wie Hamachek gehen sie davon aus, dass positiver Perfektionismus mit positiven Gefühlen verbunden ist, die sich bei einem Erfolg einstellen: Befriedigung, Freude, ja sogar Euphorie. Misserfolge rufen bei ihnen zwar durchaus negative Gefühle hervor, aber diese sind nicht übermäßig ausgeprägt und legen sich relativ schnell wieder. Frei nach dem Motto »Jetzt erst recht!« können sie sogar zum Ansporn werden, es beim nächsten Versuch besser zu machen und aus möglichen Fehlern zu lernen.

Negative Perfektionisten setzen sich ebenfalls anspruchsvolle Ziele. Diese dienen jedoch dazu, sich vor Misserfolgen zu schützen. Sie empfinden die Möglichkeit zu scheitern als hochgradig aversiv und versuchen, alles so gut wie irgend möglich zu machen, um ein Scheitern zu vermeiden bzw. zu verhindern. Ihr Verhalten und Erleben ist in Situationen, in denen es ihnen wichtig ist, etwas zu erreichen, geprägt von der Angst zu versagen. Angst ist per se ein wichtiger Motor und nicht grundsätzlich negativ. Sie schützt uns z. B. davor, uns in Gefahr zu begeben. Aber das Ausbleiben von Gefahr führt nicht zu positiven Gefühlen, sondern »nur« dazu, dass uns negative Gefühle erspart bleiben. Das perfektionistische Verhalten wird dadurch *negativ verstärkt*, was so viel bedeutet wie, etwas als »Belohnung« zu empfinden, weil man nicht bestraft wird oder sonstige negative Konsequenzen seines Verhaltens erleben muss. Negative Verstärkung nimmt einem aber nicht die Angst zu versagen, denn schon bei der nächsten Aufgabe ist aus der Sicht negativer Perfektionisten erneut ein Scheitern möglich, mit all seinen gefürchteten Konsequenzen. Die Freude über Erfolge, Lob und Anerkennung treten dadurch in den Hintergrund und verlieren an Bedeutung. Misserfolge dagegen werden von intensiven negativen Gefühlen wie Traurigkeit, Schuld oder Scham begleitet.

Nach Slade und Owens ist also entscheidend, welche Motive man hat, an sein eigenes Verhalten sehr hohe Ansprüche zu stellen: Tut man dies, weil man hofft, so erfolgreich zu sein, ist das günstig für die psychische Gesundheit. Versucht man dagegen, alles so gut wie irgend möglich zu machen, weil einem das als geeignete Strategie erscheint, mögliche Misserfolge zu vermeiden, hat das eher negative Auswirkungen.

In Box 2 auf S. 20 finden Sie Items (so nennt man die Aussagen oder Fragen in einem Fragebogen) eines Tests, der diese beiden Motive (Hoffnung auf Erfolg und Angst vor Misserfolg) erfassen soll. Es ist in diesem Zusammenhang wichtig zu wissen, dass sich die beiden nicht gegenseitig ausschließen. So wie das Motiv, sein Gewicht zu reduzieren und das Motiv, gut zu essen, gemeinsam beeinflussen, was wir uns zubereiten oder in einem Lokal bestellen, so beeinflussen auch die Hoffnung auf Erfolg und die Angst vor Misserfolg zusammen unser Leistungsverhalten, abhängig von ihrer jeweiligen Stärke.

Die beiden Motive lassen sich nicht so einfach ändern, aber wenn Sie versuchen darauf zu achten, wie stark sie Ihr Verhalten jeweils beeinflussen, fällt es Ihnen leichter das Mischungsverhältnis selbst zu bestimmen.

BOX 2 Hoffnung auf Erfolg oder Angst vor Misserfolg – was motiviert Sie?

Die folgenden Aussagen sind Items aus einem Fragebogen zur Messung des Leistungsmotivs von Stefan ENGESER (2005). Lassen Sie sich bei der Entscheidung, wie stark Sie ihnen zustimmen können, Zeit und versuchen Sie, bevor Sie sich für eine Antwort entscheiden, an Situationen zu denken, die zu den Fragen passen. Zählen Sie dann die Punkte für die ersten und die letzten fünf Fragen getrennt zusammen. Welche Aussagen Hoffnung auf Erfolg und welche Angst vor Misserfolg messen ist klar, oder? Maximal können Sie jeweils 15 Punkte haben. Ab 10 Punkten kann man von einer hohen Hoffnung auf Erfolg bzw. von einer hohen Angst vor Misserfolg sprechen.

	Starke Zustimmung			Starke Ablehnung
Es macht mir Spaß, an Problemen zu arbeiten, die für mich ein bisschen schwierig sind.	3	2	1	0
Ich mag Situationen, in denen ich feststellen kann, wie gut ich bin.	3	2	1	0
Probleme, die schwierig zu lösen sind, reizen mich.	3	2	1	0
Mich reizen Situationen, in denen ich meine Fähigkeiten testen kann.	3	2	1	0
Ich möchte gern vor eine etwas schwierige Arbeit gestellt werden.	3	2	1	0
Es beunruhigt mich, etwas zu tun, wenn ich nicht sicher bin, dass ich es kann.	3	2	1	0

	Starke Zustimmung			Starke Ablehnung
Auch bei Aufgaben, von denen ich glaube, dass ich sie kann, habe ich Angst zu versagen.	3	2	1	0
Dinge, die etwas schwierig sind, beunruhigen mich.	3	2	1	0
Wenn eine Sache etwas schwierig ist, hoffe ich, dass ich es nicht machen muss, weil ich Angst habe, es nicht zu schaffen.	3	2	1	0
Wenn ich ein Problem nicht sofort verstehe, werde ich ängstlich.	3	2	1	0

Zwischenfrage:

Normalen oder positiven Perfektionismus – gibt es das überhaupt?

Neuere Forschungsergebnisse bestätigen, dass es sinnvoll ist, zwischen Menschen zu unterscheiden, die unter ihren Ansprüchen an sich selbst leiden und solchen, die zwar auch sehr hohe Maßstäbe an ihr Handeln anlegen, aber angeben, damit gut zurecht zu kommen. So belegen STOEBER und OTTO (2006) anhand einer Vielzahl von Studien zu den Begleiterscheinungen und Konsequenzen hoher selbstgesetzter Standards, dass es nicht der hohe Anspruch per se ist, der zu psychischen Problemen führt. Erst wenn er mit Merkmalen wie einer hohen Sensibilität für Fehler einhergeht, von Zweifeln an der eigenen Leistungsfähigkeit begleitet wird oder von dem Gefühl, dass andere einen nur wertschätzen, wenn man außerordentliche Leistungen erbringt, entfaltet das, was sie perfektionistisches Streben nennen, seinen zerstörerischen Charakter. Stoeber und Otto fassen diese Form der überkritischen Sichtweise auf das eigene Tun unter dem Begriff *perfektionistische Bedenken* zusammen. Wir werden ab S. 29 genauer auf sie eingehen.

Paul HEWITT und Gordon FLETT (2013), beides ebenfalls Pioniere der Perfektionismusforschung, bezweifeln allerdings, dass man Menschen, die gut mit ihren hohen Standards zurechtkommen, überhaupt Perfektionisten nennen kann. Sie unterscheiden Perfektionismus von *Conscientious Achievement Striving*, was man in etwa als pflichtbewusstes Leistungsstreben übersetzen kann. Auch Roz SHAFRAN, Zafra COOPER und Christopher FAIRBURN (2002) legen Wert auf die Feststellung, dass es wichtig ist, den sogenannten *klinisch relevanten Perfektionismus* von *funktionalem Exzellenzstreben* (functional pursuit of excellence) zu unterscheiden.

Klinisch relevanter Perfektionismus

Oder warum das Festhalten an hohen Ansprüchen zum Problem werden kann

Die Forschergruppe um Shafran benennt einen weiteren wichtigen Unterschied zwischen einem gesunden Umgang mit hohen Ansprüchen an sich selbst und einem weniger gesunden: Die mehr oder weniger große Bereitschaft bzw. Fähigkeit, die eigenen Standards zu verändern – insbesondere im Fall eines (möglichen) Scheiterns.

Für die Forschergruppe um Shafran ist ein wesentliches Element des klinisch relevanten Perfektionismus die Unfähigkeit, die Ansprüche an das eigene Tun flexibel anzupassen. Auch bei immer wiederkehrenden Misserfolgen wird an hochgesteckten Zielen festgehalten, selbst wenn dieses Festhalten negative Konsequenzen nach sich zieht.

Diese Konsequenzen können emotionaler Natur sein und sich z. B. in ausgeprägten Perioden depressiver Verstimmung äußern, in Versagensängsten oder Gefühlen der Wertlosigkeit. Es können aber auch soziale Konsequenzen sein, wie z. B. der Rückzug von anderen Menschen in eine mehr oder weniger stark ausgeprägte soziale Isolation. Auf körperlicher Ebene mögen sich starke Verspannungen bemerkbar machen oder Schwierigkeiten ein- oder durchzuschlafen. Auch Konzentrationsschwierigkeiten zählen zu möglichen Konsequenzen sowie eine ganze Reihe belastender Verhaltensweisen. Dazu gehören z. B. ein bis zur Zwanghaftigkeit gehendes Überprüfen einzelner Arbeitsschritte, Probleme, Abgabetermine einzuhalten oder gar E-Mails zu verschicken, da man immer und immer wieder seine Formulierungen überprüft.

Aus der Perspektive des klinisch relevanten Perfektionismus liegt also das Krankmachende, Dysfunktionale oder gar Neurotische nicht nur in einer übermäßigen Fokussierung auf Fehler und der daraus resultierenden überkritischen Selbstbeurteilung sowie einer ausgeprägten Motivation, Misserfolge zu vermeiden. Als dritter Faktor gilt die Tendenz, dass die eigenen Ansprüche trotz deutlicher negativer Konsequenzen nicht verändert werden. Vielmehr werden negative Konsequenzen als Preis dafür wahrgenommen, den man zahlen muss, damit man seine Ziele erreicht. Sie werden daher billigend in Kauf genommen oder sogar als Beleg dafür gesehen, dass man wirklich sein Bestes gibt. Gleichzeitig führt genau diese Unfähigkeit, die eigenen Ansprüche zu senken, dazu, dass die negativen Konsequenzen bestehen bleiben oder sich vielleicht sogar verschärfen.

In Box 3 werden die zentralen Unterschiede eines gesunden Strebens nach hervorragenden Leistungen und die bisher eher als ungesund zu bezeichnenden Alternativen gegenübergestellt.

BOX 3

	Pflichtbewusstes Leistungsstreben bzw. funktionales Exzellenzstreben	**Neurotischer, negativer und klinisch relevanter Perfektionismus**
Ziele	Anspruchsvoll, aber bei negativen Konsequenzen flexibel veränderbar	Anspruchsvoll und auch bei negativen Konsequenzen nicht veränderbar
Motivation	Erfolg erreichen	Misserfolg vermeiden
Wahrnehmung	Das Gelungene steht im Fokus ohne mögliche Defizite zu übersehen	Defizite stehen im Fokus, das Gelungene ist nicht oder nur weniger relevant
Emotionen bei Erfolg	Freude bis hin zur Euphorie sowie Stolz über das Erreichte, über Lob und die Anerkennung anderer	Erleichterung, weil befürchtete negative Konsequenzen wie zum Beispiel Kritik oder Missbilligung anderer nicht eingetreten sind
Emotionen bei Misserfolg	Unzufriedenheit und Ärger, die aber in der Regel nur kurz anhalten und dazu motivieren, nach Lösungen zu suchen und es beim nächsten Mal besser zu machen	Angst, Trauer, Schuld oder Scham, die durch eine Tendenz, sich immer wieder mit dem Misserfolg zu befassen, lange anhalten und lähmen können

Zwischenfrage:

Sind die Ansprüche von klinisch relevanten Perfektionisten zu hoch?

David Burns, mit dem wir in dieses Kapitel eingestiegen sind, hatte bei dieser Frage keine Zweifel. Er ging davon aus, dass die Standards von Perfektionisten unerreichbar hoch und unrealistisch sind. Konkret beschreibt er Perfektionisten als »those whose standards are high beyond reach or reason« (Burns 1980, S. 34). Doch was heißt eigentlich unrealistisch und wer bestimmt, ob ein Ziel erreichbar ist?

Was realistisch ist, bestimmen zum einen die Zeit und die Umstände, unter denen wir leben. So schätzte 1977 der Gründer einer Computerfirma, Ken Olson, mit den Worten »Es gibt keinen Grund, warum irgendjemand einen Computer in seinem Haus wollen würde« die Marktchancen von PCs als absolut unrealistisch ein. Vierzig Jahre später sind PCs für viele Menschen eine nicht mehr wegzudenkende Realität. Nach Aussagen des statistischen Bundesamtes (DESTATIS 2016) lag der Anteil an Haushalten in Deutschland, die über einen PC verfügen, 2015 bei 86 Prozent.

Zum anderen hängt die Frage, ob ein Ziel unrealistisch ist, natürlich auch von unseren persönlichen Kompetenzen ab. Einen Ratgeber zu schreiben erscheint uns z. B. als ein anspruchsvolles, aber auch durchaus realistisches Ziel. Einen Leichtathletik Weltrekord aufzustellen, würden wir dagegen als völlig unrealistisch beurteilen. Für Florence Griffith-Joyner, die 1988 den bisher nicht gebrochenen Weltrekord der Frauen über 100 Meter aufstellte, waren offensichtlich beides realistische Ziele. Nachdem sie sich aus dem aktiven Sport zurückgezogen hatte, schrieb sie unter anderem einen Ratgeber mit dem Titel »Running for Dummies«.

Eine objektive Norm, nach der man darüber entscheiden könnte, was realistisch und erreichbar ist, kann also aus guten Gründen nicht angenommen werden. Die Definition der Höhe eigener Standards im Rahmen des klinisch relevanten Perfektionismus trägt dem Rechnung: Sie spricht nicht mehr von unrealistischen und nicht erreichbaren Standards bzw. Zielen, sondern nutzt den Begriff »personally demanding standards« (SHAFRAN u.a. 2002, S. 773). Diese Definition berücksichtigt, dass es bei der Höhe selbst gesetzter Standards um eine subjektive persönliche (personally) Norm geht. Diese Norm orientiert sich daran, wie anspruchsvoll und fordernd (demanding) man die eigenen Standards und Ziele einschätzt. In diesem Sinne sind perfektionistische Standards und Ziele weder unrealistisch hoch noch unerreichbar, aber sie fordern der Person aus ihrer ganz individuellen Perspektive viel ab und bergen damit die Gefahr, sie zu überfordern.

Gesunder und ungesunder Perfektionismus

Oder unter welchen Bedingungen anspruchsvolle Standards krank machen

Was trägt dazu bei, dass aus dem – ja durchaus nicht zwangsläufig negativen – Gefühl, gefordert zu sein, ein Gefühl der Überforderung entsteht und dieses zum Risiko wird, krank zu werden? Eine Reihe von Perfektionismusforschern vertritt die Meinung, dass dieses Risiko umso höher ist, je stärker das Streben nach Perfektion von dem begleitet wird, was Stoeber und Otto (2006) unter dem Begriff *perfektionistischer Bedenken* zusammenfassen. Wir sind bei der Frage, ob es überhaupt einen normalen oder positiven Perfektionismus gibt, schon einmal auf die beiden Forscher eingegangen. Sie haben ein Modell (siehe Abb. 1) populär gemacht, das auf der Annahme beruht, dass Standards nicht einfach hoch oder niedrig sind, sondern dass es dazwischen viele Abstufungen gibt. Dasselbe gilt für perfektionistische Bedenken, wie z. B. die Angst zu versagen oder Zweifel an der eigenen Leistungsfähigkeit.

ABBILDUNG 1 Das Perfektionismusmodell von Stoeber und Otto (2006)

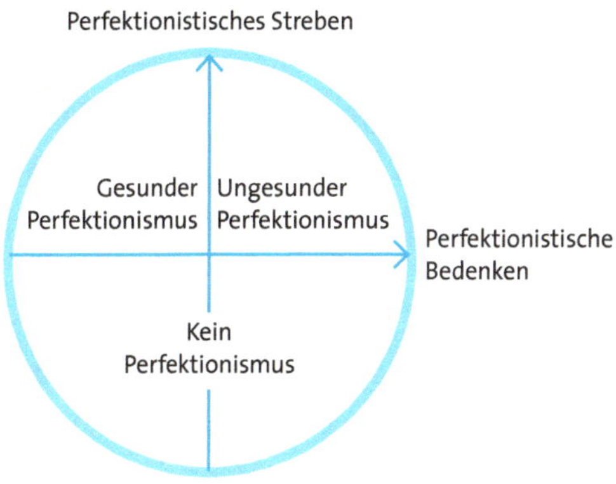

Nach diesem Modell sind Menschen umso perfektionistischer, je stärker ihr perfektionistisches Streben ausgeprägt ist, also je anspruchsvoller ihre Ziele und je höher die Standards sind, die sie an ihr Tun anlegen. Das perfektionistische Streben wird gleichzeitig umso problematischer, je mehr perfektionistische Bedenken ein Mensch hat, also je ausgeprägter z. B. die Angst ist, zu versagen, die selbst gesteckten Ziele nicht zu erreichen oder den Ansprüchen, die man wahrnimmt, nicht gerecht zu werden.

Grob kann man nach diesem Modell drei Gruppen identifizieren. Nicht-Perfektionisten, gesunde Perfektionisten und ungesunde Perfektionisten. Der Gruppe der Nicht-Perfektionisten werden diejenigen Personen zugerechnet, die keine hohen Ansprüche an das haben, was sie tun. Perfektion ist für sie kein Thema, also streben sie auch nicht danach. Das bedeutet nicht, dass sie schlechte Leistungen erbringen oder das, was sie tun, nicht ernst nehmen, aber die Dinge müssen in ihren Augen nicht optimal sein und sie haben auch nicht das Gefühl, dauernd ihr Bestes geben zu müssen.

Zur Gruppe der gesunden Perfektionisten gehören Personen, denen es dagegen sehr wichtig ist, exzellente Leistungen zu erbringen, die gerne alles 150-prozentig erledigen und die häufig in vielen unterschiedlichen Lebensbereichen hohe Ansprüche haben. Gleichzeitig gelingt es ihnen jedoch, Fehler als einen unvermeidbaren Teil des Lebens anzuerkennen. Sie sind nicht gerade begeistert, wenn ihnen Fehler unterlaufen oder sie solche entdecken. Aber sie befürchten nicht ständig, dass sie durch ein mögliches Scheitern die Wertschätzung anderer verlieren. Und sie stellen sich auch nicht als Person infrage, wenn ihnen etwas nicht so gut gelingt, wie sie es sich wünschen.

Solche Bedenken prägen das Erleben und Verhalten von Personen, die der Gruppe der ungesunden Perfektionisten zugeordnet werden. Sie leiden nicht nur darunter, wenn etwas ihren eigenen

Ansprüchen nicht genügt. Schon die Möglichkeit, dass ihnen etwas nicht gelingen könnte, versetzt sie in Unruhe oder lähmt sie.

Im Verlauf der Erforschung des Phänomens Perfektionismus wurde eine Reihe solch perfektionistischer Bedenken identifiziert. Sie kristallisierten sich in der therapeutischen Praxis heraus oder ergaben sich aus der wissenschaftlichen Beschäftigung und Analyse von Personen, die sich als Perfektionisten bezeichnen und gleichzeitig angeben, unter ihrem Perfektionismus zu leiden. Diese Bedenken wurden zu Messinstrumenten zusammengefasst, die der weiteren Erforschung des Phänomens dienten und das heute noch tun.

Perfektionistische Bedenken

Oder was dazu beiträgt, dass Perfektionismus zum Problem wird

Ein Kernelement perfektionistischer Bedenken ist die bereits von Hamachek (1978) als problematisch identifizierte Fokussierung auf Defizite im eigenen Handeln. Je stärker diese Fokussierung ist, umso größer erscheint einem der Abstand zu dem, was man eigentlich erreichen wollte oder sollte.

- Auch meine besten Leistungen erscheinen mir nie gut genug.
- Ich habe kaum jemals das Gefühl, das etwas, was ich getan habe, gut genug ist.
- Ich bin nach vollbrachter Leistung oft enttäuscht, weil ich weiß, dass ich es hätte besser machen können.
- Ich bin oft frustriert, weil ich meine Ziele nicht erreichen kann.

Das sind Beispielitems aus einem Fragebogen, der von einer Forschergruppe um Robert Slaney publiziert wurde (APS-R; SLANEY u.a. 2001). Sie nennen die Skala, aus der die Items stammen, *Diskrepanzerleben* (im Englischen »Discrepancies«). Je stärker man diesen Aussagen zustimmt, umso deutlicher ausgeprägt ist die Tendenz, bei dem was man tut, auf mögliche Fehler zu achten und daher Bedenken zu haben, nicht gut genug zu sein oder gar zu versagen. Die letzten beiden Items machen deutlich, dass es sich hier nicht nur um eine »kalte« Analyse handelt, sondern dass die Bedenken, den eigenen Ansprüche nicht gerecht zu werden, mit negativen Gefühlen wie Enttäuschung und Frustration verbunden sind.

Diese Gefühle werden häufig von einer weiteren Spielart perfektionistischer Bedenken begleitet, die sich auf mögliche Konsequenzen eigener Defizite beziehen:

- Wenn ich nur zum Teil versage, ist das genauso schlecht, wie wenn ich im Ganzen versagt hätte.
- Wenn ich bei der Arbeit bzw. in der Schule versage, bin ich als Mensch ein Versager.
- Wenn ich nicht genauso gut bin wie andere Menschen, bedeutet das, dass ich minderwertig bin.

Solche Aussagen machen deutlich, dass die Wahrnehmung eigener Defizite den Kern der eigenen Persönlichkeit angreift. Die Folgen von Defiziten werden deswegen als sehr schwerwiegend empfunden, da aus der Tatsache, dass etwas nicht gelungen ist, geschlossen wird, man sei sozusagen als ganze Person »nicht gelungen«. Gleichzeitig spiegeln die Items auch den bereits erwähnten Hang von Perfektionisten zu einem ausgeprägten Schwarz-Weiß-Denken wider. Die Items auf S. 30 stammen aus einem Fragebogen der Forschergruppe um Randy Frost, die als eine der ersten ein Instrument zur Messung unterschiedlicher Aspekte des Perfektionismus entwickelt und veröffentlicht hat (MPS-F; Frost u. a. 1990). Die Skala, aus der die Items zu den Bedenken bezüglich möglicher Konsequenzen der eigenen Defizite stammen, trägt die Bezeichnung »Concerns over Mistakes«, was für die deutschsprachige Version (Altstötter-Gleich & Bergemann 2006) mit *Fehlersensibilität* übersetzt wurde.

In dieser Skala finden sich auch perfektionistische Bedenken darüber, welche zwischenmenschlichen Konsequenzen das hat, was man als Versagen empfindet:

- Wenn ich nicht jederzeit mein Bestes leiste, respektieren mich die Menschen nicht.
- Wahrscheinlich schätzen mich Personen weniger, wenn ich einen Fehler mache.
- Je weniger Fehler ich mache, umso mehr mögen mich die Menschen.

Diese Items machen deutlich, dass sich perfektionistische Bedenken nicht nur auf die eigene Selbstwertschätzung beziehen, sondern auch darauf, dass andere einen nicht wertschätzen, wenn das eigene Handeln Defizite aufweist.

Es fällt nicht schwer nachzuvollziehen, dass die bisher beschriebenen Formen perfektionistischer Bedenken eine explosive Mischung bilden: Die Tendenz, sich überkritisch zu beurteilen, bringt eigene Defizite in den Fokus der Aufmerksamkeit. Wie könnte man sonst feststellen, dass etwas nicht gut genug ist oder dass man es besser hätte machen können? Gleichzeitig werden die Konsequenzen eigener Defizite als ziemlich schwerwiegend beurteilt. Man sieht sich nicht nur selbst als Versager bzw. Versagerin, sondern geht gleichzeitig davon aus, dass man auch den Respekt und die Wertschätzung anderer durch das eigene Versagen aufs Spiel setzt.

Aber warum krempelt man dann nicht einfach die Ärmel hoch und arbeitet daran, die Defizite zu beseitigen – gerade weil die Konsequenzen so gravierend sind? Eine mögliche Ursache könnte eine weitere Form perfektionistischer Bedenken sein, der *Zweifel an der eigenen Leistungsfähigkeit* (im Englischen »Doubts about Action«). Items wie die aus dem Fragebogen der Forschergruppe um Frost, sollen diese Zweifel erfassen:

- Es dauert sehr lange, bis ich etwas richtig gemacht habe.
- Ich neige dazu, mit meiner Arbeit hinterher zu hinken, weil ich alles nochmal und nochmal mache.
- Ich zweifle üblicherweise an den einfachsten, alltäglichen Dingen.

Da diese Selbstbeschreibungen auch von Personen stammen könnten, die einen starken Fokus auf ihre Defizite legen, lohnt es sich, einen Blick auf die Forschung zur Selbstwirksamkeit zu werfen. Unter Selbstwirksamkeitserwartung versteht man die subjektive Überzeugung, neue oder schwierige Anforderungssituationen aufgrund eigener Kompetenzen bewältigen zu können und mit Schwierigkeiten oder Barrieren zurechtzukommen. Eine ausgeprägte Selbstwirksamkeitserwartung führt zu mehr Wohlbefinden. Klar, wenn man der Aussage »Ich bin aufkommenden Anforderungen gewachsen« zustimmen kann, fühlt sich das besser an, als dieser Aussage nicht zustimmen zu können. Sich kompetent zu fühlen, ist außerdem ein Grundbedürfnis des Menschen. Ist es erfüllt, dann trägt das viel dazu bei, dass wir uns wohlfühlen. Je höher die eigene Selbstwirksamkeit eingeschätzt wird, umso niedriger sollten die Zweifel an der eigenen Leistungsfähigkeit sein, die einen Aspekt perfektionistischer Bedenken bilden.

LoCicero und Ashby (2000) konnten zeigen, dass eine Kombination aus *hohen* Standards und *hohem* Diskrepanzerleben mit einer niedrigeren Einschätzung der Selbstwirksamkeit einhergehen, als das bei einer Kombination aus *hohen* Standards und *niedrigem* Diskrepanzerleben der Fall ist. Hohe Standards zusammen mit wenigen perfektionistischen Bedenken sind also gesund. Dieses Ergebnis bestätigt das Modell von Stoeber und Otto, das zuvor schon vorgestellt wurde. Stoeber u. a. (2008) konnten darüber hinaus in einer eigenen Studie bestätigen, dass die Selbstwirksamkeit umso niedriger ist, je kritischer die Sicht auf sich selbst ist.

Je kritischer man sein eigenes Tun hinterfragt und sich auf Defizite fokussiert, je gravierender man die Folgen dieser Defizite beurteilt und je weniger man sich zutraut, mit diesen Defiziten umzugehen, umso größer wird, was man als Überbegriff all der auf den letzten Seiten beschriebenen perfektionistischen Bedenken bezeichnen kann: die Angst zu versagen. Sie ist ein weiterer Grund »die Ärmel nicht einfach hochzukrempeln«.

Zunächst ist es jedoch wichtig, noch einmal festzuhalten, dass Angst nicht per se zu Problemen führt. Ganz im Gegenteil, ein gewisses Ausmaß an Angst schützt uns vor unangenehmen Konsequenzen unseres Handelns. Ihre Wirkung ist – vergleichbar mit der vieler Medikamente – eine Frage der Dosierung: In Maßen verabreicht, schadet sie nicht, sondern nützt uns. Das gilt auch für die Angst zu versagen. Eine gesunde Dosis davon spornt z.B. in Prüfungssituationen dazu an, Zeit ins Lernen zu investieren und trägt dadurch dazu bei, besser abzuschneiden, als wenn wir dies nicht tun würden.

Erst wenn die Dosierung zu hoch wird, entfaltet Angst ihre schädigende Wirkung. Sie beschert uns dann zunächst mal eine Reihe unguter Gefühle, wie z.B. körperliche Anspannung und Unruhe, Unsicherheit, Konzentrations- und Gedächtnisprobleme. Halten diese Phänomene nur kurz an, können wir sie in der Regel gut bewältigen und es gelingt uns, unser Gleichgewicht wieder zu finden. Dies ist nicht der Fall, wenn die mit Angst verbundene emotionale Erregung über längere Zeit bestehen bleibt oder in kurzen Intervallen immer wieder auftritt. Komplexe physiologische Mechanismen führen dann nämlich zu psychischen und körperlichen Erschöpfungszuständen. Sie kennen dieses Gefühl vielleicht. Es hat Wurzeln, die mindestens so alt sein dürften wie die Menschheit selbst oder gar noch älter, denn auch Tiere haben vergleichbare Mechanismen, mit Gefahren umzugehen. Diese Mechanismen sorgen dafür, dass Angst zunächst mal unseren Körper »unter Strom« setzt. Das kann ganz sinnvoll sein, denn es soll dabei helfen, in einer Gefahrensituation fit zu sein, um gegen die Gefahr anzukämpfen oder so schnell wie möglich das Weite zu suchen. Auf Dauer kostet es aber sehr viel Energie, insbesondere wenn man das Gefühl hat, weder kämpfen noch weglaufen zu können. Außerdem sind wir mittlerweile einer Reihe von Gefahrensituationen ausgesetzt, die durch einen Kampf oder eine Flucht nicht wirklich zu bewältigen sind. Wir stehen daher manchmal viel zu lange »unter Strom« und der kommt nicht aus der Steckdose. Vielmehr müssen wir einiges dafür tun, dass wir Energie haben. Essen, Trinken und Schlafen sind nur ein paar

Beispiele dafür. Gleichzeitig können wir diese Energie nicht jederzeit beliebig »auffüllen«. Verbrauchen wir zu viel davon – z. B. weil wir über längere Zeit Angst verspüren – dann erschöpft uns das. Und genau diese Erschöpfungsgefühle machen es schwer, die Energie aufzubringen, gegen das vorzugehen, was uns Angst macht.

Angst ist darüber hinaus mit einem Mechanismus verbunden, der dazu beiträgt, dass sie nicht so leicht verschwindet oder sogar stärker wird: dem Vermeidungsverhalten. Der Versuch, etwas, das uns Angst macht oder bedroht, zu vermeiden, führt nicht zwangsläufig zu Problemen. Eher ist das Gegenteil der Fall: Gefahren zu vermeiden erspart uns Probleme und schützt uns. So ist es sicher alles andere als problematisch, wenn jemand vermeidet, über eine vielbefahrene Straße zu gehen, ohne sich vorher zu vergewissern, dass kein Auto kommt. Dasselbe gilt, wenn wir es vermeiden, Waldpilze zu essen, die wir nicht kennen. Die Angst, verletzt zu werden oder sich zu vergiften führt in beiden Beispielen zu einem äußerst sinnvollen Vermeidungsverhalten. Es schützt uns davor, körperlichen Schaden zu nehmen, etwas, das uns vollkommen zurecht Angst macht.

Vermeidung kann aber auch dazu führen, dass Angst aufrechterhalten wird. Was im Fall einer schweren Verletzung oder einer Vergiftung durchaus sinnvoll ist, kann bei anderen Ängsten zum Problem werden. Führt z. B. die Angst, bei einer Prüfung zu versagen, dazu, sie zu vermeiden – also gar nicht erst anzutreten – dann kann das nicht nur zur Folge haben, einen Ausbildungs- oder Studienplatz zu verlieren oder nie Auto fahren zu dürfen. Man beraubt sich auch der Möglichkeit festzustellen, dass man doch genug gelernt hat, um die Prüfung zu bestehen. Vermeidung verringert so die Möglichkeit zu lernen, mit seinen Ängsten umzugehen oder sie sogar zu überwinden. Wie ist das bei Ihnen? Was vermeiden Sie aus Angst vor möglichen negativen Konsequenzen? Ist diese Vermeidung vielleicht auch von Nachteil? Vermeidung an sich selbst zu bemerken, ist nicht ganz einfach. Wollen Sie es trotzdem probieren? Wenn ja, nutzen Sie dazu Box 4.

Haben Sie Beispiele dafür gefunden, dass Ihnen Ihr Vermeidungsverhalten Nachteile bringt? Wenn ja, fragen Sie sich vielleicht, warum Sie das Verhalten dennoch an den Tag legen, schließlich ist es ja offensichtlich nicht ganz günstig für Sie. Nun, es liegt in der Natur der Angst, dass Vermeidungsverhalten zunächst belohnt wird. Rückt nämlich das Objekt unserer Angst in weitere Ferne – was bei der Vermeidung der Fall ist – lässt die mit der Angst einhergehende Anspannung nach. Wir fühlen uns erst einmal erleichtert und interpretieren dieses Gefühl als positive Konsequenz unseres Vermeidungsverhaltens. Dadurch wird unser Vermeidungsverhalten negativ verstärkt, d.h. unangenehme Anspannung (negativ) wird weggenommen und deshalb zeigen wir das Vermeidungsverhalten öfter (verstärkt). Sie erinnern sich? In unzähligen Experimenten mit Menschen und Tieren konnte gezeigt werden, dass Verhalten, welches negativ verstärkt wird, mit größerer Wahrscheinlichkeit wieder gezeigt wird. Vermeidungsverhalten führt daher nicht nur dazu, dass wir nicht lernen können, unsere Angst zu überwinden, sondern es birgt auch die Gefahr, dass es uns zunehmend als geeignetes Mittel erscheint, mit Situationen umzugehen, die uns Angst machen.

BOX 4 Vermeidungsverhalten unter der Lupe

Ich vermeide ...	... weil ich befürchte, dass ...	Welchen Nachteil habe ich dadurch?

Neben der Erschöpfung, die mit immer wiederkehrender Angst einhergeht, trägt also auch das mit Angst verbundene Vermeidungsverhalten dazu bei, dass es für Menschen mit ausgeprägten perfektionistischen Bedenken nicht so einfach ist, »die Ärmel hochzukrempeln« und mit wahrgenommenen Defiziten oder Fehlern umzugehen. Ihre Fokussierung auf Defizite, denen sehr negative Konsequenzen zugeschrieben werden, sowie die Zweifel an der eigenen Leistungsfähigkeit, fördern die Angst zu versagen.

Erschöpfungsgefühle, die Folge dieser Angst sind, sind wenig dazu geeignet, die eigenen Zweifel zu überwinden und das resultierende Vermeidungsverhalten trägt dazu bei, dass die Ängste aufrechterhalten oder sogar verstärkt werden.

In Box 5 auf S. 39 sind die zentralen perfektionistischen Bedenken zusammengefasst und es finden sich beispielhaft dazu passende Gedanken sowie Gefühle, die sie begleiten.

Die Ansprüche anderer

Oder warum nicht nur die Ansprüche an sich selbst zu psychischen Problemen führen können

Neben der Angst, den eigenen Ansprüchen nicht gerecht zu werden, spielt häufig auch die Angst, den Ansprüchen wichtiger anderer Personen nicht entsprechen zu können, eine nicht zu unterschätzende Rolle. Außer den Forschergruppen um Frost und um Slaney, deren Konzepte perfektionistischer Bedenken wir bereits kennen gelernt haben, beschäftigen sich seit langem Gordon Flett und Paul Hewitt (2002) mit den negativen Konsequenzen von Perfektio-

BOX 5 Perfektionistische Bedenken und ihre Begleiterscheinungen

Perfektionistische Bedenken	Typische Gedanken	Emotionen, die die Gedanken begleiten
Diskrepanzerleben Je stärker dieses Erleben ausgeprägt ist, umso seltener wird das, was wir tun, als gelungen oder gar als Erfolg angesehen.	Das hätte ich besser machen können.	Unzufriedenheit
Fehlersensibilität Je stärker dieses Merkmal ausgeprägt ist, umso gravierender werden die Folgen von etwas angesehen, das nicht perfekt gelungen ist	Ich bin ein Versager, weil ich das nicht hinbekommen habe. XY hält mich bestimmt für einen Versager, weil ich das nicht hinbekommen habe.	Scham und Schuld
Zweifel an der eigenen Leistungsfähigkeit Je stärker dieses Merkmal ausgeprägt ist, umso weniger traut sich eine Person zu, den eigenen Ansprüchen oder denen anderer gerecht zu werden	Ich schaff' das einfach nicht.	Angst

nismus. Auch sie haben zusammen mit Kollegen einen Fragebogen entwickelt (Hewitt & Flett 1990), der u. a. eine weitere Form perfektionistischer Bedenken erfasst. Sie nennen die Skala *socially prescribed perfectionism*. Hier eine Auswahl aus ihren Items:

- Von den Menschen um mich herum wird alles, was ich nicht exzellent mache, als schlechte Arbeit angesehen.
- Die Menschen um mich herum erwarten von mir, dass ich bei allem, was ich tue, Erfolg habe.
- Ich habe das Gefühl, dass andere zu viel von mir fordern.

Mit diesen Items greifen sie eher eine Wahrnehmung auf als ein Bedenken. Diese Wahrnehmung bezieht sich nicht auf die eigenen Ansprüche, sondern auf die anderer. SPITZER (2016, S. 8) bezeichnet diese Form des Perfektionismus als *sozialen Perfektionismus* und führt aus, dass sich eine Person, die starke Ausprägungen auf dieser Skala zeigt, »zum Perfektionismus gedrängt [fühlt], weil sie annimmt, andere haben extrem hohe Ansprüche an sie, die es zu erfüllen gilt«.

Auch hier ist wieder zu berücksichtigen, dass es per se nicht problematisch ist, den Ansprüchen anderer gerecht werden zu wollen. Wir sind soziale Wesen und so entspricht es unserer Natur, nicht nur uns selbst zu genügen. David Clarence MCCLELLAND (1987), ein bedeutender Motivationspsychologe, macht z. B. deutlich, dass ein fundamentales Motiv von Menschen das der Zugehörigkeit ist. Es prägt unser Handeln durch Wünsche nach Freundschaft, Zuwendung und Geborgenheit und gleichzeitig durch Befürchtungen, zurückgewiesen und aus der Gemeinschaft ausgeschlossen zu werden.

Genau diese Befürchtungen können für Menschen mit ausgeprägtem sozialen Perfektionismus zu Problemen führen, weil sie häufig das Gefühl haben, dass sie den Ansprüchen anderer nicht genügen. Diese Wahrnehmung ist in der Regel eng verknüpft mit einer Form perfektionistischer Bedenken, auf die wir zuvor schon eingegangen sind: Die Befürchtung, dass andere einen nicht mehr wertschätzen und respektieren, wenn man nicht sein Bestes leistet oder einem Fehler unterlaufen. Gleichzeitig finden sich Zusammenhänge mit einer Spielart des Selbstwerts, dic sich als relativ ungünstig erwiesen hat, dem sogenannten *kontingenten Selbstwert.*

Das Psychologische Lexikon Dorsch (2013) fasst unter dem Begriff Selbstwertkontingenz die Abhängigkeit des eigenen Selbstwerts vom Erreichen von Standards zusammen und macht dadurch die Nähe zum Perfektionismus deutlich. Selbstwertkontingenz ist auch ein zentrales Element des bereits vorgestellten klinisch relevanten Perfektionismus. Roz Shafran und Kollegen (2002) gehen nämlich nicht nur davon aus, dass Perfektionismus dann zum Problem wird, wenn Menschen trotz negativer Konsequenzen an ihren hohen Standards festhalten, statt sie flexibel anzupassen. Sie machen auch deutlich, dass die Ursache dieser schädlichen Tendenz auch darin zu finden ist, dass der Selbstwert einer Person überdurchschnittlich stark davon abhängt, dass sie sich als erfolgreich wahrnimmt und anerkannt fühlt. Gerade weil Erfolg und Anerkennung so wichtig dafür sind, sich selbst wertschätzen zu können, scheint es unmöglich, die eigenen Standards – Garanten für Erfolg und Anerkennung – zu senken.

Selbstwertkontingenz hat sich als Vulnerabilitätsfaktor erwiesen. So nennt man ein Persönlichkeitsmerkmal, das die emotionale Verwundbarkeit und damit die Anfälligkeit von Menschen für psychische Probleme erhöht. Jennifer Crocker und Katherine Knight (2005), die sich intensiv mit Selbstwertkontingenzen befasst haben, konnten in einer Reihe von Studien zeigen, dass ein

BOX 6 Kontingenten Selbstwert erkennen

Maarit Johnson und Victoria Blom haben 2007 einen Fragebogen zum kontingenten Selbstwert entwickelt. Bisher ist er nur in englischer Sprache erschienen, aber wir haben Ihnen hier in Anlehnung an den Fragebogen ein paar Aussagen zusammengestellt, die die Abhängigkeit des Selbstwertes in zwei Bereichen erfragen: Leistung und Anerkennung.

Je mehr der folgenden Aussagen man **völlig** zustimmen kann, umso stärker hängt der Selbstwert von der *eigenen Leistungsfähigkeit* ab

- Ich werde unruhig, wenn ich nicht in irgendeiner Weise gute Leistung zeigen kann.
- Ich fühle mich nur wertvoll, wenn ich gute Leistungen vollbracht habe.
- Wenn andere Erfolg haben, dann empfinde ich das als Bedrohung.
- Entscheidend ist nicht, wer ich bin, sondern was ich leisten kann.

Je mehr der nächsten Aussagen man **völlig** zustimmen kann, umso stärker hängt der Selbstwert von der *Anerkennung anderer* ab

- Ich bin feinfühlig gegenüber Zeichen der Ablehnung und Zurückweisung, die mir andere entgegenbringen.
- Mein Selbstwert ist abhängig von Zeichen der Akzeptanz oder Zurückweisung, die mir andere entgegenbringen.
- Wenn ich in einer Liebesbeziehung zurückgewiesen werde, fühle ich mich absolut wertlos.
- Ich habe das Gefühl, dass ich mir in meinen engen Beziehungen Liebe und Anerkennung verdienen muss.

Wichtig ist aber auch Folgendes: Da wir soziale Wesen sind und gute Leistungen bedeutsam für das Wohlergehen aller sind, darf und soll der eigene Selbstwert immer auch von unserer Leistungsfähigkeit und der Akzeptanz anderer abhängen. Es wäre merkwürdig, wenn es uns gar nichts ausmachen würde, zu versagen. Eher ungünstig wäre es auch, wenn wir Zeichen der Ablehnung nicht erkennen würden. Fühlt man sich aber *nur* wertvoll, wenn man gute Leistung zeigt oder fühlt man sich *absolut* wertlos, wenn man zurückgewiesen wird, dann ist das ein erster Hinweis darauf, dass Selbstwertkontingenzen zum Problem werden könnten.

Einen weiteren Hinweis liefert die Frage, wie es denn um den allgemeinen Selbstwert einer Person bestellt ist. Wir werden darauf im Kapitel ab S. 134 näher eingehen.

kontingenter Selbstwert negative Auswirkungen auf so unterschiedliche Bereiche wie das Lernen, Beziehungen, Angst-, Stresserleben und Gesundheit hat. Externe Selbstwertkontingenz, also z. B. die Abhängigkeit des Selbstwerts von der Anerkennung durch *andere*, hat sich dabei als problematischer erwiesen als interne Selbstwertkontingenz, bei der der Selbstwert zum Beispiel davon abhängt, inwieweit man nach den eigenen Wertmaßstäben gehandelt hat.

Ein kontingenter Selbstwert, egal ob intern oder extern, erhöht die emotionale Verwundbarkeit. Er macht das Selbstwertgefühl instabil und schwankend – eben abhängig von Erfolg und Anerkennung. Hat man das Gefühl, mit seinem Tun erfolgreich zu sein oder erhält man Anerkennung, erhöht das den Selbstwert. Dies ist von positiven Gefühlen begleitet. Misserfolge und Ablehnung oder Kritik führen hingegen dazu, dass der Selbstwert geringer wird, und sind begleitet von negativen Gefühlen wie Schuld, Scham, Angst oder Traurigkeit.

Die Gefühlsschwankungen, die mit einem kontingenten Selbstwert einhergehen, vermitteln einem das Gefühl, man könne leicht aus der Bahn geworfen werden und sei labil bzw. verletzlich. Kommen ausgeprägte perfektionistische Bedenken dazu, steigt die Wahrscheinlichkeit, dass die Schwankungen nach unten häufiger sind als die nach oben. Der für perfektionistische Bedenken typische Fokus auf Defizite und die hohe Bedeutung, die den negativen Folgen beigemessen wird, führen dazu, dass man eher dazu neigt, etwas als Misserfolg zu beurteilen. Zudem gibt einem die Wahrnehmung, den Ansprüchen anderer nicht gerecht werden zu können, eher das Gefühl, abgelehnt zu werden.

Fazit

Oder wie man zusammenfassen kann, unter welchen Bedingungen hohe Ansprüche zum Problem werden können

Charakteristisch für Menschen, die sich als Perfektionisten bezeichnen, ist zunächst einmal, dass sie sehr hohe Standards und Ansprüche an sich selbst haben. Eine objektive Norm dafür, wie hoch diese Ansprüche sein müssen, um als perfektionistisch bezeichnet zu werden, gibt es nicht. Entscheidend ist vielmehr, dass sie als fordernd für die jeweilige Person erlebt werden und daher auch das Potenzial haben, als überfordernd wahrgenommen zu werden.

Damit sich dieses schädliche Potenzial entwickelt und es zu psychischen Problemen kommt, müssen verschiedene zusätzliche Bedingungen erfüllt sein. Im Folgenden sollen die wesentlichen Elemente zusammengefasst werden:

- Es besteht eine stark ausgeprägte Tendenz, auf mögliche Defizite des eigenen Handelns zu achten. Auch kleine Abweichungen von einem, als optimal betrachteten, Zustand finden mehr Aufmerksamkeit als das, was man als gelungen bezeichnen kann. Häufig ist hier ein ausgeprägtes Schwarz-Weiß-Denken zu beobachten.
- Defizite werden als etwas beurteilt, das zu schwerwiegenden negativen Konsequenzen führt. Diese negativen Konsequenzerwartungen können sich zum einen darauf beziehen, dass man sich selbst sehr schnell als ganze Person infrage stellt und nicht mehr wertschätzt, wenn einem etwas nicht gelingt. Sie können sich aber auch um die Befürchtung drehen, dass einen andere Personen in solchen Fällen nicht mehr wertschätzen. Beide Erwartungen über mögliche Konsequenzen können auch gemeinsam auftreten.
- Diese Erwartungen schwerwiegender negativer Konsequenzen sind mit dem starken Wunsch verbunden, mögliche Misserfolge zu vermeiden. Hohe Standards sollen gewährleisten, dass einem dies gelingt. Gleichzeitig empfindet man die Anstrengungen, die man auf sich nimmt, um den Ansprüchen gerecht zu werden, als Hinweis darauf, dass man wirklich sein Bestes gibt, um ein mögliches Scheitern zu verhindern.
- Sowohl die Erwartung negativer Konsequenzen als auch ein stark ausgeprägtes Motiv, Misserfolge zu vermeiden, ist von Versagensängsten begleitet. Treten diese in vielen unterschiedlichen Situationen oder über eine längere Zeit hinweg auf, führt dies zu psychischer und körperlicher Erschöpfung.

- Häufig finden sich Zweifel an der eigenen Leistungsfähigkeit oder niedrige Erwartungen an die eigene Selbstwirksamkeit. Man traut sich dann erst recht nicht zu, den hohen Anforderungen gerecht zu werden. Psychische und körperliche Erschöpfung verstärken dieses Gefühl.
- Gleichzeitig hängt das eigene Selbstwertgefühl stark davon ab, erfolgreich und anerkannt zu sein. Man reagiert daher stark auf Zeichen eines möglichen Misslingens oder fehlender Anerkennung. Da man ohnehin auf solche Hinweise fokussiert ist, zeigt sich das Selbstwertgefühl häufig zerbrechlich, instabil und negativ.
- Die Bindung des Selbstwertgefühls an Anerkennung und Erfolg führt dazu, dass man an den hohen Standards festhält, obwohl man merkt, dass dies mit einer Reihe von negativen Konsequenzen verbunden ist.

Diese Faktoren müssen nicht alle gleichermaßen stark ausgeprägt sein, damit sich aus einem Streben nach Perfektion psychische Probleme entwickeln. Menschen unterscheiden sich z. B. hinsichtlich der Frage, ob sie eher ihre eigenen oder die Ansprüche anderer als eine Ursache ihrer psychischen Belastung erleben. Ebenso bei der Frage, welche Erwartungen sie in Bezug auf die Konsequenzen des Scheiterns haben. Für die wesentlichen Aspekte wurden daher ganz bewusst beispielhafte Items aus den gängigen Fragebögen zur Erfassung des Perfektionismus oder anderer Merkmale ausgewählt. Sie sollen es Ihnen ermöglichen, sich selbst ein Bild von Ihrem ganz persönlichen Muster von Wirkfaktoren zu machen.

Der Vollständigkeit halber dürfen daher auch ein paar Items zur Erfassung der Höhe der eigenen Ansprüche nicht fehlen. Sie stammen aus den oben zitierten mehrdimensionalen Messinstrumenten, die in der aktuellen Forschung am häufigsten eingesetzt werden (MPS-F, MPS-H und APS-R).

- Ich habe ein starkes Bedürfnis danach, ausgezeichnete Leistungen zu erbringen.
- Ich versuche, bei allem, was ich tue, mein Bestes zu geben.
- Es ist wichtig für mich, bei allem was ich tue, äußerst kompetent zu sein.
- Ich setze mir höhere Ziele als die meisten Menschen.
- Ich lege an mich selbst sehr hohe Maßstäbe an.
- Es ist mir sehr wichtig, dass ich in allem, was ich anpacke, perfekt bin.

Wie bei allen anderen Items, die Sie im Text finden, können Sie an der Stärke, mit der Sie den einzelnen Aussagen zustimmen, die Höhe der Ausprägung des jeweiligen Faktors abschätzen.

Wie entsteht Perfektionismus?

Im vorangegangenen Kapitel haben wir beschrieben, welche Faktoren dafür verantwortlich sind, dass sich aus einem positiven Streben nach Exzellenz und hervorragenden Leistungen eine Form des Perfektionismus entwickelt, der zu psychischen Beeinträchtigungen führt. Doch wie kann man erklären, warum manche Menschen in der Lage sind, ihre Standards flexibel anzupassen, und anderen dies nicht gelingt? Was ist die Ursache für Selbstwertkontingenzen, Zweifel an der eigenen Leistungsfähigkeit oder eine übermäßige Fokussierung auf Defizite? Wie entstehen die Unterschiede in der Bewertung der Konsequenzen von Fehlern und warum ist es für die einen wichtiger, Erfolg zu haben, als Misserfolg zu vermeiden, während es bei den anderen gerade umgekehrt ist?

Die Forschung zu diesen Fragen steckt noch in den Kinderschuhen, dennoch lassen sich bereits einige Faktoren benennen, die für solche Unterschiede verantwortlich gemacht werden können. So wie es nicht nur eine Ursache geben muss, wenn ein Auto nicht mehr funktioniert, sondern dafür eine ganze Reihe von Möglichkeiten infrage kommt, verhält es sich auch mit den Ursachen perfektionistischer Tendenzen und der Frage, ob es einem gelingt, mit ihnen umzugehen, ohne seine psychische Gesundheit zu gefährden, oder nicht. Diese Ursachen lassen sich grob in zwei Gruppen unterteilen: Ursachen, die in der Person selbst liegen und solche, die mit der Situation zu tun haben, in der sie aufgewachsen ist.

Die Zeiten, in denen davon ausgegangen wurde, dass der Mensch als Tabula rasa bzw. unbeschriebenes Blatt auf die Welt kommt und durch Erziehung beliebig geformt werden kann, sind lange vorbei.

Heute gehen wir davon aus, dass sich angeborene, genetisch bedingte Merkmale einer Person und Gegebenheiten der Lebensumstände wechselseitig beeinflussen. So prägt beides unsere Persönlichkeit, unser Verhalten und Erleben, aber auch unsere Motive und Einstellungen. Auch ob jemand sich selbst hohe Standards setzt und mehr oder weniger stark ausgeprägte perfektionistische Bedenken hat, scheint in gewissem Umfang anlagebedingt zu sein. Untersuchungen in so unterschiedlichen Ländern wie Spanien (Iranzo-Tatay u.a. 2015), den USA (Moser u.a. 2012), Australien (Wade & Bulik 2007) und Japan (Kamakura u.a. 2003), die an ein- und zweieiigen Zwillingen durchgeführt wurden, legen das nahe.

Erforscht wurde in diesen Studien, zu welchem Prozentsatz Unterschiede in der Höhe selbstgesetzter Standards und perfektionistischer Bedenken genetisch bedingt sind. Man geht dabei davon aus, dass dieser Anteil umso höher ist, je ähnlicher sich eineiige Zwillinge im Vergleich zu zweieiigen Zwillingen sind, weil eineiige Zwillinge genetisch gesehen identisch sind, was bei zweieiigen Zwillingen nicht der Fall ist. Die Zwillingsstudien aus den verschiedenen Ländern kommen zu recht ähnlichen Ergebnissen. Demnach wird der genetische Einfluss als moderat eingeschätzt, was bedeutet, dass Unterschiede in der Ausprägung von Perfektionismus nur zu maximal 50 Prozent anlagebedingt sind. Die meisten Studien berichten Werte um die 30 Prozent. Interessant ist in diesem Zusammenhang eine Studie von Jason Moser und seinen Kollegen (2012). Sie fanden erste Hinweise darauf, dass genetische Faktoren einen wesentlichen Anteil an dem gemeinsamen Auftreten von perfektionistischen Bedenken und Ängstlichkeit haben. Dafür machen sie genetisch bedingte Unterschiede in der

Reaktion auf Fehler verantwortlich, die bei neurophysiologischen Untersuchungen gefunden wurden. Demnach kann an speziellen Aktivitätsmustern des Gehirns festgestellt werden, wie ausgeprägt eine Person auf Fehler reagiert. In einigen dieser Untersuchungen wurde auch der Zusammenhang zwischen perfektionistischen Bedenken und der Stärke dieser Reaktion untersucht. Dabei konnte Folgendes festgestellt werden: Je stärker die perfektionistischen Bedenken der untersuchten Personen waren, umso stärker reagierten sie auch auf Fehler. Aus all diesen Untersuchungen lässt sich schließen, dass Menschen mit ausgeprägten perfektionistischen Tendenzen also schon aufgrund ihrer Anlagen dazu neigen, auf Fehler heftiger zu reagieren.

Zusammenfassend lässt sich sagen: Es ist davon auszugehen, dass sowohl perfektionistische Standards als auch perfektionistische Bedenken in einem gewissen, wenn auch nicht allzu großen, Ausmaß anlagebedingt sind. Bei 30 bis 50 Prozent Erblichkeit bleibt allerdings viel Luft für den Einfluss von Umweltfaktoren, wobei hier vor allem die Rolle des Elternhauses untersucht wurde. Studien, die dies untersucht haben, orientieren sich an vier Modellen, die von FLETT u. a. (2002) vorgeschlagen wurden, wobei es deutliche Unterschiede in der Anzahl der Studien zu den einzelnen Modellen gibt.

Das *Modell sozialen Lernens* basiert auf der, durch wissenschaftliche Studien gut belegten Theorie von Albert BANDURA (1976) zum Lernen am Modell. Bandura konnte zeigen, dass man ein Verhalten erlernen kann, indem man es an anderen Personen (Modellen) beobachtet. Natürlich benötigt man hierfür auch die geeigneten Fähigkeiten. Wenn diese allerdings gegeben sind, dann kann das beobachtete Verhalten auch gezeigt werden. Übertragen auf den Perfektionismus sagt diese Theorie also: Kinder von Eltern, die selbst perfektionistisch sind, beobachten an diesen immer wieder, dass sie sich anspruchsvolle Ziele setzen und hohe Standards anlegen. Die Kinder lernen so, dies ebenfalls zu tun, vor allem, wenn sie gleichzeitig beobachten, dass ihre Eltern dafür Anerkennung erhalten, für ein »perfektes Dinner« gelobt werden oder sich von einem guten Gehalt tolle Sachen leisten können.

Genauso wie hohe Standards können aber natürlich auch perfektionistische Bedenken beobachtet werden, eine besonders große Aufmerksamkeit in Bezug auf Defizite oder die Tendenz, Defiziten oder Fehlern gravierende Konsequenzen zuzuschreiben. Hier bleibt die Belohnung zwar oft aus, doch Eltern sind besonders wirkungsvolle Modelle. Zum einen weil Kinder sie sehr häufig beobachten können, zum anderen aber auch, weil sie, vor allem für kleinere Kinder, sehr attraktive Modelle sind. Immerhin verfügen sie über einige Macht und dies erhöht die Wahrscheinlichkeit deutlich, dass ein Verhalten nachgeahmt wird.

Das Modell ist vielfach durch Studien (zusammenfassend z.B. Flett u.a. 2002 oder Appleton & Curran 2016) bestätigt worden, die den Zusammenhang zwischen dem Perfektionismus der Eltern und dem ihrer Kinder untersucht haben. Dabei scheint es so zu sein, dass das Geschlecht eine gewisse Rolle spielt. Einige Studien sprechen dafür, dass der Perfektionismus des gleichgeschlechtlichen Elternteils eher imitiert wird, als der des gegengeschlechtlichen Elternteils. Ist also eine Mutter perfektionistisch, ist es wahrscheinlicher, dass ihre Tochter ebenfalls perfektionistisch wird, während dies bei einem Sohn nicht der Fall ist – außer natürlich der Vater ist ebenfalls Perfektionist. Die sogenannte »Same-sex-Hypothese« konnte allerdings in einer groß angelegten Studie von Appleton u.a. (2010) nicht bestätigt werden, sodass davon auszugehen ist, dass noch nicht alle Faktoren geklärt sind, die dazu beitragen, dass Kinder die perfektionistischen Tendenzen ihrer Eltern übernehmen.

Das *Modell der sozialen Reaktion* geht von ganz und gar nicht perfektionistischen Eltern aus. Ganz im Gegenteil zeichnet sich hier das Elternhaus durch besondere Härten, wie körperlichen oder psychischen Missbrauch oder unstrukturierte und chaotische Bedingungen, aus. Kinder, die unter solchen Umständen aufwachsen, entwickeln nach dieser Theorie hohe Standards, um sich vor psychischen wie physischen Verletzungen zu schützen. Wenn sie nur alles richtig und so gut wie möglich machen, so die zugrundeliegende Annahme, könnten sie harten Strafen oder Missbrauch entgehen und es werde ihnen gelingen, Ordnung und Struktur in das erlebte Chaos zu bringen. Studien, die sich mit den Ursachen für Essstörungen beschäftigt haben, einem Störungsbild, das eng mit Perfektionismus verknüpft ist, bestätigen den Zusammenhang zwischen sexuellem Missbrauch und Perfektionismus (z.B. Zlotnick u.a. 1996). Dass auch Ausgrenzung und Zurückweisung durch Gleichaltrige zur Entwicklung perfektionistischer Tendenzen beitragen kann, wurde von Wilson u.a. (2015) gezeigt. Allerdings fanden sie keine Belege dafür, dass es einen Zusammenhang zwischen körperlicher Gewalt und Perfektionismus gibt. Für die Forschung bleibt hier also noch einiges zu tun.

Das *Modell sozialer Erwartungen* dagegen macht Annahmen, die durch deutlich mehr Studien bestätigt wurden (für einen Überblick z. B. Flett u. a. 2002 oder Rasmussen & Troilo 2016). Wie das Modell sozialen Lernens basiert es auf allgemein anerkannten Prinzipien des Lernens. Demnach wird ein Verhalten, wenn es belohnt wird, häufiger gezeigt, als wenn keine Belohnung erfolgt. Die Ursache dafür, dass sich perfektionistische Tendenzen entwickeln, wird in diesem Modell darin gesehen, dass Kinder vor allem dann Anerkennung und Wertschätzung ihrer Eltern erleben, wenn sie sehr gute Leistungen zeigen. Zum einen führt dies dazu, dass gute Leistungen belohnt werden und so als etwas Erstrebenswertes angesehen werden. Kinder verinnerlichen diese Erfahrung und setzen sich später auch ohne einen direkten elterlichen Einfluss anspruchsvolle Ziele. Gleichzeitig bergen die hohen Erwartungen der Eltern aber auch die Gefahr, dass Kinder immer wieder erleben, dass sie den Ansprüchen, die an sie gestellt werden, nicht gerecht werden können. Das gilt insbesondere dann, wenn die Eltern stark durch perfektionistische Bedenken geprägt sind und daher z. B. Defiziten eine besondere Aufmerksamkeit schenken. Statt Anerkennung und Wertschätzung erleben Kinder dann eher Tadel und Zurückweisung für das, was nicht gelungen ist. Das schadet zum einen ihrer Psyche, indem es Gefühle der Selbstwirksamkeit und des Vertrauens in die eigenen Fähigkeiten schwächt. Zum anderen führt es auch zu negativen Gefühlen wie Hilf- und Hoffnungslosigkeit, die die Grundlage einer Depression bilden können. Macht man als Kind die Erfahrung, dass man nur dann wertgeschätzt wird, wenn man gute Leistungen zeigt, ist das darüber hinaus eine wesentliche Ursache für Selbstwertkontingenzen. Bleibt nicht nur die Anerkennung aus, sondern werden darüber hinaus Defizite und Fehler bestraft, wird außerdem auch der Grundstein für perfektionistische Bedenken gelegt. Hiervon sind vor allem die Konsequenzerwartungen betroffen: Je negativer Eltern reagieren, wenn Kinder ihren Erwartungen nicht gerecht werden, umso gravierender werden die Konsequenzen eingeschätzt, die es hat, wenn die Leistung oder das Verhalten nicht optimal ist. Die von RASSMUSSEN und TROILO (2016) zusammengetragenen Studien zu den Folgen des Auseinanderklaffens elterlicher Erwartungen und kindlicher Leistung zeigen, dass diese Erfahrungen nicht nur dazu führen, dass sich perfektionistische Tendenzen entwickeln, sondern dass damit auch psychische Probleme, wie ein niedriges Selbstwertgefühl, Ängstlichkeit, Depressivität und verstärkte Selbstmordgedanken, einhergehen.

Das *Modell ängstlichen Erziehungsstils* geht ebenfalls davon aus, dass die Erwartungen der Eltern eine zentrale Rolle spielen. Die Erwartungen beziehen sich hier jedoch nicht auf die Leistungen der Kinder, sondern auf die Konsequenzen von Versagen, Defiziten und Fehlern. Beurteilen Eltern die Konsequenzen eines »falschen« Verhaltens sehr negativ und haben sie Angst, zurückgewiesen zu werden, wenn sie etwas nicht richtigmachen, neigen diese Eltern auch dazu, ihren Kindern diese Gefahren deutlich zu machen. Angenommen wird, dass dies zum einen dazu führt, dass Kinder, die unter solchen Bedingungen aufwachsen, hohe Standards entwickeln, um der Gefahr zu Scheitern und zurückgewiesen zu werden aus dem Weg zu gehen. So entwickelt sich ein starkes Motiv, Misserfolg zu vermeiden, welches insbesondere von Peter SLADE und Glynn OWENS (1998) als ein zentrales Element der negativen Konsequenzen des Perfektionismus angesehen wird. Zum anderen kann die Besorgnis der Eltern natürlich auch dazu führen, dass auch die Kinder selbst dazu neigen, mögliche Konsequenzen eigener Fehler und Defizite in eher dunklem Licht zu sehen. Wie schon zum Modell sozialer Reaktion so liegen auch zu diesem Modell bisher nur wenige Studien vor. Allerdings gibt es eine ganze Reihe Belege dafür (z. B. MOUSAVI u. a. 2016), dass ein ängstlicher Erziehungsstil dazu führt, dass Kinder vermehrt Angstsymptome zeigen. Dieser Erziehungsstil stellt daher auch eine mögliche Ursache für Versagensängste dar, die mit dazu beitragen, dass sich ein klinisch relevanter Perfektionismus entwickeln kann.

Nochmal das Wichtigste

Anlage und Umwelterfahrungen tragen gemeinsam dazu bei, dass sich perfektionistische Tendenzen herausbilden. Anlagebedingt scheint vor allem die Tendenz zu sein, negativ auf Fehler zu reagieren. Alles so gut wie irgend möglich zu machen, kann in der Konsequenz als Strategie verstanden werden, diesen negativen Erfahrungen aus dem Weg zu gehen. Dies entspricht den Annahmen von SLADE und OWENS (1998), dass Perfektionismus dann zum Problem wird, wenn ihm das Motiv zugrunde liegt, Misserfolge zu vermeiden. Gleichzeitig deckt es sich mit HAMACHEKS (1978) Erklärung für neurotischen Perfektionismus, dessen Wurzeln dieser in einer übermäßigen Fokussierung auf ein mögliches Misslingen sieht. Auch bei den perfektionistischen Bedenken finden sich solche, die sich auf mögliche Defizite des eigenen Handelns beziehen.

Dass die genetische Bedingtheit von Perfektionismus als moderat eingeschätzt wird, lässt viel Spielraum für Umweltfaktoren.

Im Vordergrund stehen dabei die Lernerfahrungen, die Menschen vor allem im Elternhaus machen. Ob dort der Grundstein für ein gesundes Leistungsstreben gelegt wird oder dafür, dass man Gefahr läuft, problematische perfektionistische Tendenzen zu entwickeln, hat viel damit zu tun, welche Erfahrungen wir damit gemacht haben, wenn gesetzte Standards nicht erreicht werden. In einem strengen, strafenden Elternhaus wird verstärkt, was wir an negativen Reaktionen auf Erfahrungen des Scheiterns vielleicht schon anlagebedingt mitbringen. Wer lernt, dass er nur dann Anerkennung bekommt, wenn er Höchstleistungen erbringt oder wer gar bestraft wird, wenn er den Ansprüchen im Elternhaus nicht gerecht wird, wird nicht nur darin »unterstützt«, ein mögliches Misslingen als etwas wahrzunehmen, das schwerwiegende negative Konsequenzen nach sich zieht. Er entwickelt außerdem einen instabilen kontingenten Selbstwert. Auch hier dienen hohe Ansprüche an sich selbst dem Ziel, negative Konsequenzen zu vermeiden und auch hier entwickelt sich eine übermäßige Fokussierung auf mögliche Fehler und Defizite, die umso wahrscheinlicher auftritt, je perfektionistischer die Eltern selbst sind.

Einiges weist jedoch darauf hin, dass auch in nicht-perfektionistischen Elternhäusern Bedingungen herrschen können, die die Entwicklung von perfektionistischen Tendenzen unterstützen. Verwahrlosung bis hin zum Missbrauch und ängstliches Überbehüten können dazu führen, dass sich ein Streben nach Perfektion entwickelt. In den ersten beiden Fällen, um sich im wahrsten Sinne des Wortes unangreifbar zu machen, im dritten, um dem zu entgehen, was von den Eltern als überaus beängstigend geschildert wird: dem möglichen Scheitern und seinen Folgen.

Zur Frage, ob neben dem Elternhaus auch gesellschaftliche bzw. kulturelle Bedingungen zur Entwicklung des Strebens nach Perfektion beitragen, gibt es keine Forschungsergebnisse. Unbestreitbar leben wir allerdings in einer Leistungsgesellschaft, deren Prinzipien uns von Kindesbeinen an vermittelt werden und die uns daher ebenso prägen, wie unser Elternhaus. Gleichzeitig werden in den zurückliegenden Jahren Stimmen lauter, die auf die Grenzen des Leistungsstrebens aufmerksam machen. Insbesondere das dramatische Ansteigen der Krankmeldungen wegen psychischer Probleme wie beispielweise Depression und Burn-Out, beschäftigt nicht nur die Krankenkassen (siehe z.B. die Gesundheitsreporte der DAK aus den Jahren 2013 und 2016). Auch für den einzelnen ist es Anlass, sich mit der Frage auseinanderzusetzen, wie man sich vor den Gefahren hohen Leistungsstrebens schützen kann, ohne Gefahr zu laufen, seine Leistungsfähigkeit einzubüßen. Nicht wenige gehen deshalb den Weg einer Therapie.

ABBILDUNG 2 Ein Blick zurück in die Vergangenheit

Vielleicht fragen Sie sich am Ende dieses Kapitels, wie das bei Ihnen war. Warum Sie perfekt sein wollen oder warum Sie dies genau auf Ihre Art und Weise sein wollen? In Box 7 finden Sie Fragen, die Sie nutzen können, um möglichen Antworten auf die Spur zu kommen. Die Fragen sollen Sie auch dabei unterstützen zu akzeptieren, dass Ihnen hohe Standards oder vielleicht auch Perfektion wichtig sind. Irgendwann hat Ihnen das nämlich geholfen, mit Ihrer Lebenssituation umzugehen. Vorneweg noch zwei wichtige Hinweise:

Erstens ist es nicht notwendig, sofort alle Fragen bis ins letzte Detail zu beantworten. Sie können immer wieder zu ihnen zurückkehren, wenn Sie beim Lesen der nächsten Kapitel auf Erinnerungen stoßen, die mit Ihrer persönlichen Geschichte zu tun haben. Begreifen Sie die Fragen als Anregung zu einer Reise in Ihre Vergangenheit. Wie bei jeder Reise wird es einiges zu entdecken geben, wenn Sie sich die Zeit dafür nehmen.

Zweitens und das ist noch wichtiger – machen Sie sich, bevor Sie sich den Fragen zuwenden, bewusst, dass Sie heute und jetzt ein erwachsener Mensch sind. Sie sind nicht mehr das Kind von damals, auch wenn die Gefühle und Gedanken dieses Kindes Sie heute noch beeinflussen. Deshalb schlagen wir vor, diese Box nicht unbedingt an einem Tag zu bearbeiten, an dem Sie sich besonders verletzlich und niedergeschlagen fühlen. Machen Sie sich lieber daran, die Fragen zu beantworten, wenn Sie sich stark fühlen. Geben Sie sich ein Zeitlimit und beenden Sie die Übung wenn die Zeit verstrichen ist. Vielleicht bleiben am Ende ein paar Fragen offen. Das macht gar nichts. Sie werden in den nächsten Kapiteln sehen, dass Sie sich auch dann vor negativen Konsequenzen perfektionistischer Tendenzen schützen können, wenn Sie nicht bis ins letzte Detail sagen können, woher sie kommen.

BOX 7 Ein Blick zurück in die Kindheit

Waren meine Eltern perfektionistisch?
Wurde ich für perfektionistisches Streben belohnt?
Wie wurde ich belohnt?

Konnte ich mich als Kind vor Gefahr schützen, indem ich versucht habe, alles richtig zu machen?
Vor welcher Gefahr habe ich mich geschützt?

Wie haben meine Eltern reagiert, wenn ich erfolgreich war?
Wie fühlte sich diese Reaktion meiner Eltern an?

Hatte ich als Kind Sorge, den Ansprüchen meiner Eltern nicht zu genügen?
Was dachte ich, würde passieren, wenn ich diese Ansprüche nicht erfülle?

Vor welchen lauernden Gefahren in der Welt haben mich meine Eltern gewarnt?

Inwiefern schützt Erfolg davor?

Therapie

Eine Therapie kann nur dann wirksam sein, wenn sie auf das zu bewältigende Problem zugeschnitten ist. Es macht daher Sinn, dass wir uns zunächst noch mal die Faktoren anzuschauen, die Perfektionismus zum Problem werden lassen:

- Standards und Ziele werden als persönlich sehr herausfordernd oder sogar überfordernd *wahrgenommen.*
- Selbst kleine Abweichungen von den eigenen Ansprüchen werden als Hinweise auf ein Misslingen bzw. Scheitern des Versuchs *gedeutet*, seine Standards zu erfüllen und seine Ziele zu erreichen.
- Ein mögliches oder tatsächliches Scheitern wird ausgesprochen negativ *bewertet.*
- Man neigt daher dazu, sich als eine Person zu *erleben*, die diesen Ansprüchen – unabhängig davon ob sie selbst gesetzt sind oder von anderen an einen gerichtet – nicht gerecht wird.

Die sogenannte Kognitive Verhaltenstherapie (KVT) ist die Therapieform, die bei Problemen mit perfektionistischen Tendenzen am häufigsten eingesetzt wird. Dass die KVT dabei eine erfolgreiche Strategie darstellt, zeigen z.B. Sarah Egan und ihre Kolleginnen (2014). Die Basisannahme der KVT besteht darin, dass kognitive Prozesse unser Verhalten und Erleben steuern. *Wahrnehmen*, *deuten* und *bewerten* (genau die, die wir oben zusammengefasst haben) sind klassische kognitive Prozesse, weil sie mit Denkhandlungen verbunden sind und damit, wie wir Informationen verarbeiten. Sind kognitive Prozesse realistisch und logisch, werden sie als gesund beurteilt und führen zu einem angemessenem Verhalten und *Erleben*. Das bedeutet nicht, dass es uns dann immer gut geht, denn eine realistische Sicht auf die Dinge beinhaltet natürlich auch unangenehme Erfahrungen wie z. B., dass wir Ziele nicht erreichen, die uns wichtig sind. Aber wir können dann besser damit umgehen, als wenn unserem Verhalten und Erleben unrealistische und unlogische kognitive Prozesse zugrunde liegen. Der zentrale Stellenwert kognitiver Prozesse wird gerne an einem Aphorismus von Epiktet (55–135 n. Chr.) deutlich gemacht:

Es sind nicht die Dinge selbst, die uns beunruhigen, sondern die Einstellungen und Meinungen, die wir zu den Dingen haben.

Der US-amerikanische Psychotherapeut Albert Ellis (1991) hat diese Sichtweise in seiner ABC-Theorie auf einen einfachen und vielbeachteten Nenner gebracht. Die zentrale Annahme dieser Theorie ist, dass nicht das Ereignis (A) an sich eine emotionale Konsequenz (C) auslöst, sondern dass die Bedeutung und Bewertung (B) des Ereignisses (A) für die Konsequenz (C) entscheidend ist. A steht übrigens bei Ellis für *activating event*, B für *belief* und C für *consequence*. Das B ist im wahrsten Sinne des Wortes der Mittelpunkt des ABCs der KVT.

Uns allen ist bewusst, dass wir häufig nicht auf eine objektiv gegebene Situation reagieren, sondern darauf, wie wir eine Situation ganz persönlich wahrnehmen, deuten und bewerten. Das ist schon alleine deswegen notwendig, weil Situationen aus so einer großen Fülle an Reizen bestehen, dass wir sie gar nicht alle gleichzeitig wahrnehmen können. Hinzu kommt, dass wir ja auch selbst Teil der Situation sind und daher nicht nur unsere Außenwelt wahrnehmen, sondern auch unsere Gedanken und Gefühle. Damit wir bei all dieser Vielfalt überhaupt dazu kommen, uns zu verhalten, nehmen wir selektiv nur bestimmte Teilaspekte der Situation wahr.

ABBILDUNG 3 Vincents Zimmer

Haben Sie Lust auf ein kleines Experiment, das diese selektive Wahrnehmung veranschaulicht? Dann machen Sie mal die Übung in Box 8.

Welche Aspekte einer Situation wir wahrnehmen, hat mit verschiedenen Faktoren zu tun, beispielsweise mit unserem Wissen, unserer Stimmung, unseren persönlichen Zielen und mit unserem Selbstbild. Wir haben eine typische Art, in Situationen auf das eine zu achten und darauf zu reagieren und auf das andere nicht. Man nennt das Informationsverarbeitungsbias oder spricht von

BOX 8 Vincents Schlafzimmer in Arles

Setzen Sie sich mit Zettel und Stift an Ihren Computer. Suchen Sie im Internet das Bild *Schlafzimmer in Arles* von Vincent van Gogh. Sehen Sie sich das Bild ein paar Sekunden an, klicken Sie anschließend das Bild weg und schreiben Sie auf, welche Gegenstände Sie gesehen haben. Wenn Ihnen nichts mehr einfällt, rufen Sie das Bild wieder auf. Vergleichen Sie Ihre Liste mit dem, was Sie bei langer, ausführlicher Betrachtung des Bildes alles entdecken. Ist es nicht erstaunlich, was Sie wahrgenommen haben und was nicht?

Schemata, die die Verarbeitung von Informationen beeinflussen. Sie tun das blitzschnell – wir reden hier von Millisekunden! – und sind uns daher oft gar nicht bewusst. Ist Ihnen z. B. immer bewusst, was genau Sie dazu veranlasst, bestimmten Personen die Hand zu geben, wenn Sie diesen begegnen, während Sie anderen vielleicht nur zunicken? In der Regel tun Sie dies ganz automatisch, ohne sich viele Gedanken darüber zu machen. Das Beispiel zeigt aber auch, dass es möglich ist, sich bewusst zu machen, was für unser Verhalten verantwortlich ist. Die KVT macht sich das zunutze, um ein Verhalten, unter dem man leidet, zu ändern. Dabei kann es sich natürlich auch um perfektionistisches Verhalten handeln.

Doch nicht nur dem Verhalten wird im Rahmen einer KVT Aufmerksamkeit geschenkt. Schemata sorgen nämlich nicht nur dafür, dass wir selektiv auf bestimmte Reize achten und reagieren. Sie führen auch dazu, dass wir Situationen in einer bestimmten Art und Weise *deuten*. Wir reichern Situationen sozusagen mit Zusatzinformationen an, die in der Situation selbst von außen betrachtet gar nicht vorhanden sind. Nehmen wir z. B. an, eine Person, nennen wir sie Frank, hat Angst vor Hunden. Stellen Sie sich vor, Frank begegnet bei einem Spaziergang einem Hund. Er wird nicht einfach nur die Größe und Fellstruktur des Hundes wahrnehmen oder ob er angeleint ist, sondern auch das Spannungsgefühl, welches durch seine Angst hervorgerufen wird. Vielleicht erinnert er sich auch an die Schmerzen eines Bisses, auf den seine Angst vor Hunden ursprünglich zurückgeführt werden kann. Für Frank beinhaltet die Situation also einerseits mehr Informationen, als objektiv gegeben sind. Auf der anderen Seite beinhaltet die Situation für Frank aber auch weniger Informationen, als tatsächlich vorhanden sind. Dem fröhlichen Zwitschern der Vögel schenkt er vermutlich genauso wenig Beachtung wie der Tatsache, welche Kleidung er trägt. Beides ist für Frank in dieser Situation nicht von Bedeutung, da er sich vor allem vor der von ihm wahrgenommenen Gefahr und seiner erlebten Angst schützen will.

ABBILDUNG 4

Neben den unterschiedlichen Bedeutungen, die einer Situation zugewiesen werden, gibt es auch Unterschiede in deren *Bewertung*. Hier geht es in allererster Linie darum, wie positiv oder negativ, angenehm oder unangenehm die Situation selbst empfunden wird. Auch wie gravierend mögliche Konsequenzen beurteilt werden, wenn wir oder andere sich in einer bestimmten Art und Weise in dieser Situation verhalten, spielt hier eine wichtige Rolle. Zum Beispiel wird das, durch seine Angst vor Hunden ausgelöste, starke Spannungsgefühl dafür sorgen, dass Frank die Begegnung mit dem Hund als außerordentlich unangenehm bewertet. Darüber hinaus wird die wachgerufene Erinnerung an den Hundebiss vor einigen Jahren zur Folge haben, dass Frank die Gefahr, wieder gebissen zu werden, als sehr wahrscheinlich erlebt. Außerdem könnte es sein, dass Frank der Überzeugung ist, dass andere Spaziergänger ihn beobachten und sehr negativ beurteilen werden, wenn er seine Angst zeigt. Die nachvollziehbare Reaktion von Frank wird sein, dem Hund so gut es geht aus dem Weg zu gehen. Das Spannungsgefühl wird hierdurch nachlassen und er wird das Gefühl haben, sehr unangenehme Konsequenzen verhindert zu haben. Allerdings hat er sich auch der Chance beraubt, die Erfahrung zu machen, dass der Hund ihn *nicht* beißt und die anderen Spaziergänger ihn *nicht* auslachen.

Wie die Angst vor Hunden oder allgemein Ängstlichkeit kann auch Perfektionismus als etwas verstanden werden, das sich in Schemata äußert, die die Informationsverarbeitung beeinflussen. Wenn man sich hohe Standards und anspruchsvolle Ziele setzt und es einem wichtig ist, diese auch zu erreichen, wird man zwangsläufig in einer Situation auf Hinweise achten, die einem darüber

Aufschluss geben könnten, ob man seinen Ansprüchen auch gerecht wird. Neigt man darüber hinaus dazu, auf Hinweise eines möglichen Scheiterns mehr zu achten als auf Hinweise darauf, dass man auf einem guten Weg zu seinem Ziel ist, wird dies den Wahrnehmungsraum weiter einschränken. Verbindet man mit der Wahrnehmung von Defiziten oder Fehlern negative Erinnerungen oder reagiert schon anlagebedingt besonders negativ auf sie, so wird auch dies die Bewertung der Situation beeinflussen. Das Gleiche gilt, wenn man die Konsequenzen möglicher Fehler oder eines Scheiterns als gravierend beurteilt.

Auch andere Faktoren, die dazu beitragen, dass Perfektionismus zum Problem werden kann, beeinflussen die Bedeutung und die Bewertung von Situationen. Hängt z. B. der eigene Selbstwert von der Anerkennung anderer ab, wird man seine Wahrnehmung besonders auf Reize lenken, die einem darüber Aufschluss geben können, ob einem andere die gewünschte Anerkennung zollen oder nicht. Hat man – um ein weiteres Beispiel zu nennen – ein niedrig ausgeprägtes Gefühl von Selbstwirksamkeit und zweifelt man an der eigenen Leistungsfähigkeit, wird das die Bewertung einer Situation dahingehend beeinflussen, dass man sich nicht zutraut, sie den eigenen Ansprüchen entsprechend zu bewältigen.

Die KVT sieht in ungünstigen Schemata die Ursache für so unterschiedliche Störungsbilder wie Angststörungen, Depressionen oder auch Essstörungen. Dies sind psychische Erkrankungen, die häufig auch durch starke perfektionistische Tendenzen gekennzeichnet sind. Es kann daher davon ausgegangen werden kann, dass perfektionistische Wahrnehmungs- und Bewertungsmuster bzw. Schemata eine der möglichen Ursachen für diese Störungsbilder darstellen. EGAN u. a. (2014) bezeichnen ungünstige perfektionistische Schemata als »Denkfehler«. In ihrem Buch zur KVT des Perfektionismus fassen sie diejenigen zusammen, die häufig bei Personen zu finden sind, die sich wegen ihrer perfektionistischen Tendenzen therapeutische Hilfe suchen.

Zweierlei Maß in Bezug auf Standards → Sich selbst anspruchsvolle Ziele und hohe Standrads zu setzen, ist das Kernelement des Perfektionismus. Gleichzeitig ist das eigene Selbstwertgefühl übermäßig abhängig davon, diesen Ansprüchen auch gerecht zu werden. Für andere Menschen muss das nicht zwangsläufig gelten. So stellt sich immer wieder heraus, dass Personen mit perfektionistischen Tendenzen es bei anderen völlig in Ordnung finden, wenn diese weniger anspruchsvoll sind. Sie gestehen auch gerne ein, dass solche Menschen durchaus »wertvoll« sind. Es scheint ihnen jedoch oft undenkbar, dass das in Bezug auf sie selbst auch gelten könnte.

»Sollte«- und »Muss«-Aussagen → Perfektionistisches Denken ist häufig durch sogenannte innere Antreiber geprägt. Deutlich wird das durch Gedanken wie »Ich sollte jetzt eigentlich dieses oder jenes tun« oder »Ich muss unbedingt dieses oder jenes erreichen«. Im Englischen gibt es sogar ein Wort für den übermäßigen Gebrauch des Begriffs »must« (engl. müssen): *Musturbation.* Allerdings fehlt das Lustvolle gänzlich. Stattdessen verweist der Begriff auf den immensen Druck, der durch die hohen Ansprüche an sich selbst entsteht. Gleichzeitig steht insbesondere der Begriff »muss« auch für die bereits erwähnte mangelnde Flexibilität im Umgang mit den eigenen Standards.

Selektive Aufmerksamkeit gegenüber negativen Reizen → Diesem Phänomen sind wir schon einige Male begegnet. Es bezeichnet die

Tendenz, auf Negatives mehr zu achten als auf Positives. Das gilt insbesondere in Bezug auf Dinge, die einen Hinweis darauf darstellen, dass man ein Ziel *nicht* erreicht oder einem Standard *nicht* gerecht wird.

Emotionsbasierte Wahrnehmung → Häufig ist die Wahrnehmung von Perfektionisten, die therapeutische Hilfe suchen, weniger durch Fakten geprägt als vielmehr durch Emotionen, die eine Situation in ihnen hervorruft. Bei gleichzeitiger selektiver Aufmerksamkeit gegenüber negativen Aspekten einer Situation, sind das leider vor allem negative Emotionen wie Angst, Scham und Schuld. Diese Gefühle prägen dabei nicht nur die Interpretation einer Situation, sondern auch das Verhalten, das gezeigt wird.

Übergeneralisierung → Perfektionistische Menschen neigen dazu, auch kleinere Defizite und Fehler als komplettes Versagen zu interpretieren. Mehr noch, sie schließen aus ihnen, dass sie selbst Versager sind und legen eine über die Maßen selbstkritische Haltung an den Tag. Dies entspricht dem bereits erwähnten Schwarz-Weiß-Denken, welches sich häufig bei Perfektionisten findet. Das macht es ihnen schwer, auch Teilerfolge zu würdigen oder gar einer schwierigen Situation auch etwas Gutes abzugewinnen.

Labeling → Die selbstkritische Haltung von Perfektionisten lässt sich typischerweise auch in den Begriffen erkennen, mit denen sie sich selbst und ihr Tun beschreiben – den »Etiketten« (engl. label), die sie sich »auf die Stirn kleben«: »Versager«, »Idiot«, »unfähig«, »zu nichts zu gebrauchen« usw. Wenn sich jemand mit solchen Begriffen beschreibt, dann sagt das nicht nur etwas darüber aus, wie wertlos sich diese Person fühlt. Sie können auch wie eine »Selbstbeschwörung« wirken und das negative Selbstbild verfestigen.

Personalisierung → Dieser Begriff bezeichnet die Tendenz, sich für das, was einem geschieht, in erster Linie selbst verantwortlich zu machen. Dies verstärkt z. B. die zerstörerische Wirkung eines negativen Selbstbildes, weil es einem nicht gelingt, die Last auf mehrere Schultern zu verteilen.

Katastrophisieren → Damit ist die Neigung gemeint, in Worst-Case-Szenarien zu denken, sich also z. B. auszumalen, was im schlimmsten aller Fälle passieren kann, wenn einem ein Fehler unterläuft. Menschen mit dieser Neigung ist dabei durchaus bewusst, dass es nicht so kommen muss, aber die mit diesen Gedanken verbundenen Ängste spüren sie dennoch.

Ein wesentliches Element der KVT ist die Überprüfung von Wahrnehmungen, Deutungen und Bewertungen sowie der damit verbundenen »Denkfehler« in Bezug auf die Frage, wie realistisch sie sind, wie logisch und wie günstig für das eigene Verhalten und Erleben. Im Rahmen der KVT werden Wahrnehmungen, Deutungen und Bewertungen nicht nur überprüft, sondern es geht vor allem darum, realistische *und* günstige Alternativen zu finden. Eine günstige Bedeutungszuweisung zeichnet sich z. B. dadurch aus, dass sie sich an der Realität orientiert und nicht an Spekulationen oder vorschnellen Interpretationen.

Gleichzeitig führt eine Orientierung an der Realität auch dazu, dass man versucht, flexibel mehrere Möglichkeiten zu finden, seine Ziele zu erreichen. Und man lernt, Teilerfolge zu sehen und sie dadurch auch anerkennen zu können. Dies gelingt dadurch, dass man zunächst einmal sensibel für seine »Denkfehler« wird. Wie die eingangs erwähnten Schemata sind sie einem nämlich oft gar nicht bewusst.

Im Rahmen der KVT werden Patientinnen und Patienten u. a. dazu aufgefordert, sich selbst zu beobachten und ihre Wahrnehmungen, Gedanken und Gefühle zu protokollieren. Gemeinsam mit dem Therapeuten bzw. der Therapeutin werden diese Protokolle dann durchgesprochen und z. B. durch gezieltes Nachfragen auch positive Aspekte zu Tage gefördert, die einem zunächst gar nicht weiter aufgefallen sind. Durch gezielte Übungen zur Aufmerksamkeitslenkung ist es außerdem möglich zu lernen, seine Aufmerksamkeit zu weiten und so auch dem Positiven eine Chance zu geben, ins Bewusstsein zu gelangen oder zu lernen, statt in schwarz-weiß eher in Grautönen zu denken. Wir werden uns ab S. 90 näher damit beschäftigen und eine Strategie vorstellen, mit der man das lernen kann.

Auch die Arbeit an Bewertungen ist in der KVT durch eine Orientierung an der Realität geprägt. Eine wichtige Rolle spielt z. B., dass man sich mit seinen Erwartungen über mögliche Konsequenzen auseinandersetzt. Eine Möglichkeit dies zu tun, besteht darin, Klienten aufzufordern, eine kleine Umfrage zu machen, welche Konsequenzen denn andere Personen für wahrscheinlich halten. So kann man die eigene Perspektive erweitern und alternative Interpretationsmöglichkeiten kennenlernen. Auch sogenannte Verhaltensexperimente sind möglich: Patientinnen und Patienten werden hierbei aufgefordert, ganz bewusst einen Fehler zu machen und dann zu beobachten, wie andere darauf reagieren oder gezielt nachzufragen, wie andere es fanden, dass ihnen der Fehler unterlaufen ist. Vielleicht haben Sie schon beim Lesen Lust bekommen, dieses Verhaltensexperiment zu machen? Es kann wirklich sehr interessant sein! Vielleicht merken Sie aber auch an Ihren körperlichen

Reaktionen beim Lesen, dass solch ein Verhaltensexperiment für Sie im Moment leicht bedrohlich wirkt. Keine Angst, Verhaltensexperimente werden in der Regel erst durchgeführt, wenn Klienten schon einige Fortschritte gemacht haben.

Die vielfältigen Herangehensweisen hier im Einzelnen zu beschreiben, würde den Rahmen dieses Buches sprengen. Einen guten Überblick zu den Techniken der KVT, die sich bei der Therapie von Personen mit perfektionistischen Tendenzen bewährt haben, finden Sie bei EGAN u. a. (2014). Auch hier ergibt sich jedoch kein vollständiges Bild, denn die konkrete therapeutische Arbeit wird natürlich auch durch die spezifischen Strategien der Therapeutinnen und Therapeuten geprägt, an die man sich wendet.

Woran merken Sie, dass therapeutische Unterstützung notwendig ist?

Vielleicht haben Sie sich bei den weiter oben aufgeführten perfektionistischen »Denkfehlern« geradezu ertappt gefühlt und fragen sich, ob therapeutische Unterstützung für Sie der richtige Weg ist. Hier ein paar Hinweise, an denen Sie sich zur Beantwortung der Frage orientieren können. An erster Stelle steht die Frage, wie stark Sie sich in Ihrem Alltag eingeschränkt fühlen.

- Passiert es Ihnen regelmäßig, dass Sie in Zeitnot geraten, weil Sie das, was Sie sich vorgenommen haben, nicht zum Abschluss bringen?
- Gehen Ihnen Fehler, die Ihnen unterlaufen sind, oft tagelang nicht aus dem Kopf, sodass es Ihnen schwer fällt, sich auf das zu konzentrieren, was Sie aktuell zu tun haben?

- Beschäftigen Sie Fehler, die Ihnen unterlaufen sind, häufig so stark, dass es Ihnen schwer fällt ein- oder durchzuschlafen, sodass Sie tagsüber häufig unausgeschlafen und abgespannt sind?
- Schieben Sie Dinge, die Sie sich vorgenommen haben, immer wieder vor sich her, sodass Sie oft unter Zeitdruck geraten?
- Vermeiden Sie bestimmte Tätigkeiten, weil Sie denken, dass Sie sie eh nicht so gut hinbekommen, wie Sie es für nötig halten?
- Meiden Sie andere Menschen und ziehen sich daher in letzter Zeit immer mehr zurück, weil Sie Angst davor haben, in deren Augen schlecht da zu stehen?

Jeder Lebensweg ist anders und so gibt es natürlich auch noch andere Hinweise dafür, dass man durch seine perfektionistischen Tendenzen das Gefühl hat, den Alltag nicht mehr meistern zu können, sich gelähmt und zunehmend isoliert fühlt. Zudem ist wichtig festzuhalten, dass perfektionistische Tendenzen an sich kein Störungsbild sind. Perfektionistische Tendenzen finden sich jedoch bei den Ursachen bzw. Begleiterscheinungen so unterschiedlicher psychischer Störungsbilder wie Depressionen, Burnout, sozialen Ängsten und Essstörungen. Daher gelten selbstverständlich auch deren zentrale Symptome als Hinweise, dass es gut wäre, sich therapeutische Unterstützung zu suchen. Hier eine Auswahl, die an eine Checkliste angelehnt ist, die die Verbraucherzentrale NRW 2012 in einem Buch mit dem Titel »Psychotherapie – Angebote sinnvoll nutzen« veröffentlicht hat. Dieses Buch ist auch sonst gut geeignet, um sich ein Bild zu allerlei Fragen rund um das Thema Therapie zu machen.

- Ist Ihre Stimmung ganz unabhängig davon, was der Tag so gebracht hat, seit mehreren Wochen gedrückt?
- Haben Sie die Freude an dem verloren, was Sie bis vor einiger Zeit noch gerne gemacht haben?
- Fühlen Sie sich oft wertlos und unfähig?
- Denken Sie in letzter Zeit immer häufiger daran, einfach abzuhauen, alles stehen und liegen zu lassen oder sich gar umzubringen?
- Hat sich Ihr Essverhalten in letzter Zeit stark verändert und leiden Sie darunter?
- Erwischen Sie sich in letzter Zeit regelmäßig dabei, zu viel Alkohol zu trinken oder nehmen Sie Tabletten oder Drogen, um sich von dem Druck zu befreien, den Sie spüren?
- Nehmen Sie Medikamente, um Ihre Leistungsfähigkeit zu erhöhen?
- Leiden Sie darunter, Dinge oder Abläufe immer wieder kontrollieren und überprüfen zu müssen, ob sie auch in Ordnung sind?

Hinter solchen Erfahrungen können psychische Erkrankungen stecken, die man besser nicht versucht, mittels eines Ratgebers wie diesem zu »behandeln«. Hier ein paar Links unter denen Sie sich weiter zu dem Thema informieren können:

Psychenet → www.psychenet.de: Ein Angebot zur Verbesserung der Vorbeugung, Diagnose und Behandlung von Menschen mit psychischen Erkrankungen in der Region Hamburg. Hier finden Sie umfangreiche Informationen zu verschiedenen Krankheitsbildern, Selbsttests und Entscheidungshilfen, die auch für Menschen nützlich sind, die nicht in der Nähe von Hamburg leben.

Bundespsychotherapeutenkammer → www.bptk.de: Ein Angebot mit umfangreichen Informationen zur Diagnose und Therapie psychischer

Störungen. Dort finden Sie auch ein Portal zur Therapeutensuche in Ihrer Nähe.

Verbraucherzentrale → www.ratgeber-verbraucherzentrale.de/DE-VZ/psychotherapie: Dieser Ratgeber liefert Ihnen nützliche Hinweise zur Auswahl einer Therapeutin bzw. eines Therapeuten und informiert zum Ablauf einer Psychotherapie.

Therapie? Das brauche ich nicht, ich krieg' das schon selber hin!

Je mehr der auf Seite 75 aufgeworfenen Fragen Sie mit einem klaren »Ja« beantworten, umso eher sollten Sie eine Therapie erwägen. Vielleicht helfen Ihnen auch die Informationen unter den zuvor aufgeführten Links. Allerdings tun sich gerade perfektionistische Menschen oft schwer damit, einzugestehen, dass sie alleine nicht mehr zurechtkommen. Ihr Gefühl, etwas wert zu sein, hängt ja, wie wir gesehen haben, oft stark von ihrer Leistungsfähigkeit ab. Daher neigen sie dazu, es als einen hohen Wert anzusehen, selbst mit den Anforderungen des Lebens zurecht zu kommen. Um Hilfe zu bitten, erleben sie häufig als Zeichen der Schwäche und als Eingestehen von Versagen. Was für Arbeit, Sport, Haushalt und andere Bereiche ihrer perfektionistischen Ansprüche gilt, gilt natürlich auch für ihre psychische Gesundheit. Das führt nicht selten dazu, dass sie versuchen zu verbergen, dass sie Probleme haben. Die sogenannte perfektionistische Selbstdarstellung ist sogar ein eigenständiges Forschungsgebiet. Eine Forschergruppe um Paul Hewitt und Gordon Flett (Hewitt u.a. 2003) hat dazu einen Fragebogen konzipiert, der die verschiedenen Aspekte perfektionistischer Selbstdarstellung erfasst. Einer davon ist die Tendenz, Imperfektion zu verschweigen. Hier ein paar typische Items:

- Ich sollte meine eigenen Probleme lieber selbst lösen, als sie anderen gegenüber zu gestehen.
- Eigene Fehlschläge anderen gegenüber zuzugeben, ist für mich das Allerschlimmste.
- Ich versuche, meine Schwierigkeiten für mich zu behalten.

Die Autoren des Fragebogens fanden unter anderem heraus, dass ein perfektionistischer Selbstdarstellungsstil einhergeht mit dem Gefühl, weniger wert zu sein. NEPON u.a. (2011) konnten zeigen, dass eine perfektionistische Selbstdarstellung mit Depressivität und sozialen Ängsten zusammenhängt. STOEBER u.a. (2016) fanden Zusammenhänge mit verschiedenen Essstörungen. Ob eine Tendenz zur perfektionistischen Selbstdarstellung dazu führt, therapeutische Hilfe abzulehnen oder erst bei starker Belastung in Anspruch zu nehmen, ist noch nicht untersucht, aber nicht unplausibel. Wenn Sie den drei Aussagen oben mit einem klaren »Ja« zustimmen, dürfte es Ihnen allerdings schwerfallen, sich mit dem Gedanken anzufreunden, sich therapeutische Unterstützung zu suchen. Weil dies nicht nur bei Perfektionisten der Fall ist, sondern es auch vielen anderen Menschen schwerfällt, diesen Schritt zu gehen, ist die Zahl von Selbsthilferatgebern in den letzten Jahren rasant gestiegen. Sie erscheinen oft attraktiv, weil sie relativ günstig sind und keine langen Wartezeiten in Kauf genommen werden müssen, wie es bei Therapien ja leider häufig der Fall ist.

Der leichten Verfügbarkeit von Ratgeberliteratur steht ein großer Nachteil gegenüber: Es erfordert eine Menge Mut und kann zunächst viel Kraft kosten, seine Sicht auf sich und die Welt zu hinterfragen. Einen Schritt *zurück* zu gehen, um genauer hinsehen zu können, kann einem die Beine zum Zittern bringen. Man kommt sich dabei paradoxerweise *näher*, als man sich vielleicht seit langem war. Bei dieser Erfahrung kann therapeutische Unterstützung einem gut tun. Ein Buch kann einen dabei unterstützen, indem es Fragen aufwirft oder Aufgaben stellt, wie z. B. sich einmal ein paar Tage lang zu beobachten, um möglichen »Denkfehlern« auf die Spur zu kommen. Aber es kann Ihnen nicht antworten, wenn Sie Fragen zu den Aufgaben haben und natürlich kann es auf Ihre Erfahrungen mit den durchgeführten Aufgaben nicht reagieren. Ein Buch kann auch nicht so gut dazu motivieren, Aufgaben umzusetzen. Und es kann eine Menge Motivation notwendig sein, um in einem sowieso schon vollen Terminkalender eine Übung täglich durchzuführen. Da kann es schon hilfreich sein, mit seinem Therapeuten oder seiner Therapeutin die Verabredung getroffen zu haben, in ein oder zwei Wochen darüber zu berichten. Kurzum: Bei Ratgebern fehlt die Beziehung zu einer anderen, gut ausgebildeten Person, deren Beruf es ist, Sie in Ihren Bemühungen zu unterstützen.

Auf jeden Fall aber bieten Ratgeber eine gute Möglichkeit, sich über die Ursachen von Störungsbildern zu informieren und einen Eindruck zu bekommen, wie man mit ihnen umgehen kann. Gerade die Grundprinzipien der KVT eignen sich gut, um in Ratgebern aufgegriffen zu werden. Nicht zuletzt ist es Ziel der Therapie, die Techniken, die man dort lernt – z. B. die Rationalität und Angemessenheit seiner Wahrnehmungen und Bewertungen zu prüfen oder irrationale und schädliche Gedanken zu ersetzen – auch selbständig einsetzen zu können. Nur so kann ein Therapieerfolg nachhaltig gesichert werden. Diese Grundprinzipien sind also gut geeignet, um in Übungen einzufließen, wie wir sie im nächsten Kapitel vorschlagen. Wenn Sie also bis hierhin gekommen sind, wenn Sie sich der Gefahren einer perfektionistischen Selbstdarstellung bewusst sind und wenn Sie erst mal selbst versuchen wollen, an Ihren perfektionistischen Tendenzen zu arbeiten: Blättern Sie um!

Hilfe zur Selbsthilfe

In diesem Kapitel wollen wir uns mit Möglichkeiten beschäftigen, perfektionistische Tendenzen aus eigener Kraft zu verändern. In der Regel entsteht dieser Wunsch, weil die Kosten des eigenen Verhaltens – in diesem Fall des perfektionistischen Verhaltens – dessen Nutzen übersteigen. Auch wenn Ihr Leidensdruck im Moment groß ist und Sie daher erst einmal gar nicht auf die Idee kommen, dass Ihr perfektionistisches Verhalten auch irgendeinen Nutzen haben könnte, lohnt es sich, auf diesen Aspekt einen Blick zu werfen. Wir haben im Kapitel ab S. 17 bereits einige positive Seiten des Perfektionismus kennengelernt. Schon von klein auf erleben wir immer wieder, dass gute Leistungen viel Anerkennung und Lob bringen, dass man für ein perfektes Essen oder gutes Aussehen Komplimente bekommt und dass hervorragende Leistungen im Beruf ein sicheres und gutes Auskommen ermöglichen.

Wie ist das bei Ihnen? Welche positiven Seiten Ihres Perfektionismus sehen Sie? Welches sind die negativen? Nutzen Sie die Box 9 um »Ihren« Perfektionismus auf die Waage zu legen. Gehen Sie dazu in Gedanken die letzten Tage oder Wochen zurück und suchen Sie sowohl nach Situationen, in denen Ihnen etwas gelungen ist, als auch nach solchen, in denen Sie das Gefühl hatten, Ihren Ansprüchen nicht zu genügen. Um die Konsequenzen Ihres Perfektionismus zu fassen, können Sie folgende Formulierungen nutzen:

- »Wenn ich, so gut es nur geht, … verfolge, dann stelle ich damit sicher, dass …« oder
- »Wenn ich … erreiche, dann hat das zur Folge, dass …« und
- »Indem ich … verfolge und erreiche, werde ich zu einem Mensch, der …«.

BOX 9 Nutzen und Kosten meines Perfektionismus

In diesen Lebensbereichen will Ich perfekt sein:	Nutzen: Welche positiven Begleiterscheinungen und Konsequenzen hat mein Perfektionismus?	Kosten: Welche negativen Begleiterscheinungen und Konsequenzen hat mein Perfektionismus?

Sehen Sie sich zunächst die Nutzenspalte an. Wie viel Gewicht hat dieser Nutzen? Markieren Sie so viele der 10 Kugeln in der linken Waagschale in Abbildung 5 auf S. 82, wie Sie für richtig halten. Sehen Sie sich dann die Kostenspalte an. Markieren Sie auch hier so viele der 10 Kugeln in der rechten Waagschale, wie Sie für richtig halten. Wohin schlägt die Waage aus?

ABBILDUNG 5 Perfektionismus auf der Waagschale

Wenn wir feststellen, dass die Kosten unseres Verhaltens schwerer wiegen als der Nutzen, dann verspüren wir den Wunsch, etwas zu ändern. Allerdings müssen auch die Kosten und Nutzen einer Veränderung gegeneinander abgewogen werden. Nutzen Sie Box 10 um dies zu tun. Da es jetzt darum geht, sich mit etwas zu beschäftigen, dass es noch nicht gibt, kann es nützlich sein, sich die Lebensbereiche noch einmal anzusehen, an die Sie gedacht haben, als Sie die Fragen in Box 9 bearbeitet haben. Fragen Sie sich: Was fehlt mir da? Stellen Sie sich auch vor, wie es sein könnte, in diesen Lebensbereichen **nicht** danach zu streben, hohen Ansprüchen zu genügen.

Nun geht es wieder darum, die Waagschalen zu füllen. Sehen Sie sich die Nutzenspalte an. Wie viel Gewicht hat dieser Nutzen? Markieren Sie so viele der 10 Kugeln in der rechten Waagschale von Abbildung 6 auf S. 84, wie Sie für richtig halten. Sehen Sie sich nun die Kostenspalte an.

Markieren Sie auch hier so viele der 10 Kugeln in der linken Waagschale, wie Sie für richtig halten. Wohin schlägt die Waage aus?

BOX 10 Nutzen und Kosten einer Veränderung

Kosten: Welche negativen Folgen könnte eine Veränderung mit sich bringen?	Nutzen: Was könnte Positives passieren, wenn ich mich verändere?

ABBILDUNG 6 Wägen Sie Kosten und Nutzen einer Veränderung ab

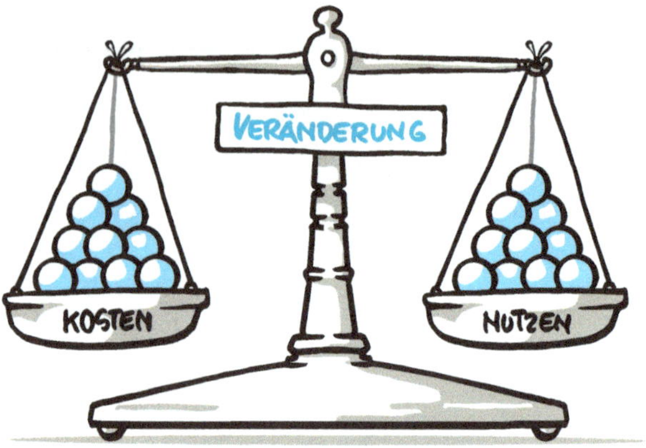

Wie motiviert sind Sie, ihren Perfektionismus zu verändern? Sich zu verändern ist nicht immer ganz einfach. Deshalb bedarf es einiger Motivation dazu. Schlagen beide Waagen in die linke Richtung aus, wird es vermutlich so sein, dass Sie Ihr perfektionistisches Verhalten nicht ändern wollen. Schlagen beide Waagen in die rechte Richtung aus, spricht viel dafür, dass Sie motiviert sind, sich zu verändern. Etwas kompliziert wird es, wenn die beiden Waagen in der Waagerechten stehen. Gehen Sie dann noch einmal zurück zu Ihren Argumenten in Box 9 und Box 10. Haben Sie vielleicht etwas vergessen, was den Ausschlag geben könnte?

Schlägt die erste Waage auf die Kostenseite des Perfektionismus aus, die zweite dagegen zur Kostenseite einer Veränderung, dann könnte es sein, dass Ihnen der Gedanke an eine Veränderung ein paar mulmige Gefühle beschert. Auf jeden Fall braucht Ihre Motivation, etwas gegen die von Ihnen wahrgenommenen negativen Begleiterscheinungen und Konsequenzen Ihres Perfektionismus zu tun, noch etwas Unterstützung. Das ist nicht ungewöhnlich, denn um sich zu verändern, benötigt man nicht nur Motivation, sondern auch ein Ziel und die Mittel, das Ziel zu erreichen. Beides wird Gegenstand der nächsten Abschnitte sein. Wir empfehlen Ihnen, sich diese zunächst durchzulesen. Das soll Ihnen helfen, sich ein Bild über die Mittel zu machen, die wir Ihnen mit unseren Anregungen anbieten wollen. Ab S. 119 werden wir dann noch mal auf das Thema *Ziele* zurückkommen und versuchen, Sie dabei zu unterstützen, das oder die Ziele einer Veränderung zu formulieren.

Zur Erinnerung: Wann wird Perfektionismus zum Problem?

Offensichtlich bereiten hohe Ansprüche und Standards oder anspruchsvolle Ziele nicht allen Menschen Probleme. Nicht umsonst ist die wissenschaftliche Debatte um das Thema Perfektionismus von Anfang an geprägt von der Idee, dass es neben Menschen, die unter ihren perfektionistischen Ansprüchen leiden, auch solche gibt, die gut damit zurechtkommen. Ob man sie positive oder normale Perfektionisten nennt oder ob man sich der Haltung von Hewitt und Flett (2013) oder Shafran, Cooper und Fairburn (2002) anschließt und in diesem Fall gar nicht von Perfektionisten spricht, sondern von Menschen mit pflichtbewusstem Leistungsstreben oder funktionalem Exzellenzstreben, ist dabei nicht wirklich wichtig. Wichtig ist, sich vor Augen zu führen, was den Unterschied zwischen den beiden Arten, mit hohen Ansprüchen umzugehen, ausmacht. Hier liegt nämlich der Schlüssel für eine erfolgreiche Veränderung.

Betrachtet man sich die in Box 3 auf Seite 24 zusammengefassten Unterschiede, dann fällt zweierlei auf. Zum einen gibt es Unterschiede auf emotionaler Ebene. Das Erleben von Menschen, die ihren Perfektionsanspruch als Problem sehen, ist nämlich eher durch negative Gefühle wie Angst, Trauer, Schuld oder Scham geprägt. Selbst bei Erfolg mag sich keine wirkliche Freude einstellen, sondern allenfalls ein Gefühl der Erleichterung. Dieses Gefühl verschwindet leider häufig auch schnell wieder und macht der Angst vor der nächsten Herausforderung Platz.

Daneben gibt es oft auch einige perfektionistische Verhaltensweisen, die als belastend erlebt werden. Nach Roz SHAFRAN u.a. (2010) sind dies diejenigen, die am häufigsten auftreten:

Vermeidungsverhalten → Wir haben uns schon im Kapitel zu den Perfektionistischen Bedenken, auf S. 35, mit dem Thema beschäftigt. Es ist ein Verhalten, das dem Zweck dienen soll, Dingen aus dem Weg zu gehen, vor denen man Angst hat. Zum Beispiel indem man zu einer angstbesetzten Prüfung nicht antritt, sich nicht um eine Beförderung bemüht oder lieber niemanden zum Essen einlädt, weil man Angst hat, dass man nicht gut genug kocht.

Prokrastination → Darunter versteht man eine spezielle Form des Vermeidens, die sich darin äußert, dass man Dinge, die man zu erledigen hat, vor sich herschiebt. Auch hinter dem Aufschieben von Tätigkeiten steckt Angst, z. B. die Angst, die Aufgabe nicht gut genug zu erledigen oder vielleicht sogar gar nicht zu bewältigen.

Performance Checking → Unter diesem Begriff werden Verhaltensweisen zusammengefasst, die dazu dienen, zu prüfen (engl. checking), ob man auch gut genug ist bzw. etwas gut genug gemacht hat. Hier ein paar Beispiele zur Verdeutlichung: Mails oder andere Texte mehrere Male durchzulesen, bevor man sie verschickt oder rausgibt. Immer wieder Gelegenheiten zu suchen, sein Äußeres zu überprüfen. Sich immer wieder Bestätigung von anderen einzuholen, ob das gekochte Essen auch lecker oder der verschickte Text auch wirklich gut ist. Sich immer wieder dabei zu ertappen, wie man sich mit anderen vergleicht.

Kontraproduktives Verhalten → Dies ist ein Verhalten, das im Grunde nicht verkehrt ist, einen aber Zeit kostet, die man besser in das Erledigen seiner Aufgaben stecken sollte. Ein Beispiel wäre das Anlegen langer Listen, was alles zu beachten ist, bevor man sich an eine Aufgabe macht, oder dass man immer wieder seine Unterlagen ordnet, damit nur ja alles an seinem Platz ist, was man vielleicht brauchen könnte.

Zwanghaftes Verhalten → Wird der Drang, Ordnung herzustellen oder Dinge zu kontrollieren, so stark, dass das dafür nötige Verhalten immer wieder ausgeführt werden muss und sind damit starke Befürchtungen verbunden, dass etwas Schlimmes passiert, wenn man es nicht tut, so spricht man von zwanghaftem Verhalten.

Problematisches Essverhalten → Dazu zählen das übermäßige Kontrollieren des eigenen Gewichts sowie die Tendenz, sich beim Essen stark zu kontrollieren bis hin zu Symptomen von Essstörungen wie z. B. Magersucht oder Ess-Brech-Sucht.

Ein Modell zum problematischen Perfektionismus

Perfektionistische Verhaltensweisen und negative Gefühle entstehen durch drei in der Persönlichkeit tief verankerte Elemente:

- eine übermäßige Fokussierung auf Defizite,
- ein starkes Motiv, Misserfolge zu vermeiden und
- ein starres Festhalten an seinen hohen Ansprüchen, auch wenn man merkt, dass man sie nicht erreichen kann.

Die ersten beiden Elemente machen sich in perfektionistischen Bedenken bemerkbar wie z. B. in dem Gefühl, den eigenen Ansprüchen nicht gerecht zu werden (Diskrepanzerleben), einer starken Betonung von Fehlern (Fehlersensibilität) und Zweifeln an der eigenen Leistungsfähigkeit. Wir haben sie im Kapitel ab S. 29 kennengelernt. Das dritte Element hängt damit zusammen, dass das Selbstwertgefühl stark von Faktoren wie der eigenen Leistungsfähigkeit und der Anerkennung durch andere abhängt. Auch darauf sind wir ab S. 39 eingegangen. Zusammen ergeben sie eine Art Teufelskreis, der sich selbst aufrechterhält (siehe Abbildung 7).

ABBILDUNG 7 Modell eines problematischen Perfektionismus

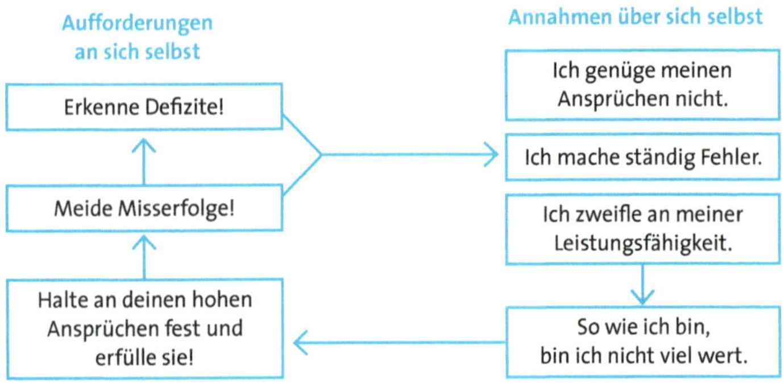

Wie schaut das bei den Menschen aus, die mit ihren hohen Ansprüchen an sich selbst zurechtkommen? Ganz offensichtlich gibt es ja Menschen, die sich zwar durchaus ärgern oder unglücklich sind, wenn ihnen etwas nicht gelingt. Langfristig lassen sie sich aber nicht aus der Bahn werfen, sondern arbeiten weiter daran, ihre Ziele zu erreichen. Sie erkennen zwar Defizite in ihrem Handeln – sonst wären sie ja nicht in der Lage, ihre Ziele zu erreichen – lassen sich aber nicht vollkommen von ihnen vereinnahmen. Statt mut- und hoffnungslos zu werden, bleiben sie motiviert, erfolgreich zu sein und ihnen ist es nicht so wichtig, Misserfolge zu vermeiden. Darüber hinaus sind sie auch in der Lage, ihre Standards und Ziele flexibel den Gegebenheiten anzupassen.

In den folgenden Abschnitten wollen wir uns einige der Strategien anschauen, die gesundes Leistungsstreben von schädlichen perfektionistischen Tendenzen unterscheiden. Für jede dieser Strategien wird es Übungen geben, die Sie dabei unterstützen sollen, diese Strategien selbst einzusetzen. Sie werden sehen, dass jede Strategie an einem Punkt im Teufelskreis des problematischen Perfektionismus ansetzt und damit einen Ausweg daraus bietet. Sie können sich an die vorgeschlagene Reihenfolge halten, aber natürlich können Sie sich auch einzelne Übungen herauspicken, wenn Sie beim ersten Durchlesen merken, dass Sie etwas besonders anspricht, weil Sie genau dort Ihr Problem sehen.

In Grautönen denken

Oder warum es für Perfektionisten hilfreich sein kann, ihren ersten Eindruck zu überprüfen

Wir haben in den ersten Kapiteln dieses Buches gesehen, dass Menschen, die unter ihrem Perfektionsstreben leiden, einen besonderen Zugang zu Fehlern haben. Wenn man so will, ist ihr inneres Radar besonders darauf eingestellt, Fehler und Defizite aufzuspüren. Wem es wichtig ist, Misserfolge zu vermeiden, der muss ein Gespür dafür entwickeln, ob und wann mit einem Misserfolg zu rechnen ist. Sonst kann man diesem ja nicht aus dem Weg gehen. Aber woher wissen wir eigentlich, ob etwas ein Fehler oder ein Defizit ist? Ab wann kann man davon sprechen, dass etwas nicht erfolgreich ist? Wann hat man versagt oder ist gescheitert?

Perfektionistischen Menschen genügen zu einer solchen Einschätzung oft schon kleine Abweichungen von dem, was sie als optimal betrachten. Sie neigen zu Schwarz-Weiß-Denken: Entweder ist etwas perfekt oder es ist ein totaler Misserfolg. Das führt häufig zu dem vorschnellen Schluss, dass etwas nicht gelungen ist. Wie auch bei anderen schnell gezogenen Schlüssen, lohnt es sich, sie zu überprüfen. Ein erster Schritt zu einer Änderung perfektionistischer Tendenzen besteht daher darin, zu lernen, in Grautönen zu denken, statt es bei Schwarz oder Weiß zu belassen. Das setzt voraus, dass Sie sich zunächst einmal bewusst machen, was Sie über die Dinge denken und wie Sie sie bewerten. Viele unserer Wahrnehmungs- und Urteilsprozesse sind nämlich hochgradig »automatisiert«, d.h. sie laufen sehr schnell und ohne bewusste Steuerung ab.

Erinnern Sie sich noch an das Beispiel mit dem Hund auf S. 66? Was glauben Sie, wie lange es dauert, bis jemand, der schlechte Erfahrungen mit Hunden gemacht hat, eine Spannung in sich wahrnimmt, die er als Angst interpretiert? Richtig, das geht blitzschnell und daher ist es wenig wahrscheinlich, dass diese Person – wir hatten sie Frank genannt – erst mal so etwas denkt wie »Da vorne bewegt sich etwas mit einem Fell und vier Beinen auf mich zu. Wahrscheinlich ist es ein Hund. Ich erinnere mich, dass ich schon einmal von einem gebissen wurde. Das hat sehr wehgetan. Dieser hier schaut zwar nicht so aus, wie der, der mich damals gebissen hat, aber vielleicht ist er ja auch gefährlich. Daher habe ich Angst, gebissen zu werden und wieder Schmerzen zu haben«. Das würde nämlich deutlich länger dauern als die paar Millisekunden, die es dauert, bis wir die Angst spüren.

Nicht nur die Angst vor Hunden geht mit automatisierten Wahrnehmungs- und Interpretationsschemata einher, sondern auch die Angst vor Misserfolg. Das Erkennen eines Misserfolgs mag zwar etwas komplexer sein als das Erkennen eines Hundes. Aber je stärker unsere Wahrnehmung auf Defizite und Fehler gerichtet ist, umso schneller wird das, was wir in einer Situation wahrnehmen, als Misserfolg beurteilt und die dazugehörige Angstreaktion stellt sich ein. Wenn wir lernen, unseren Wahrnehmungsraum zu erweitern, gibt uns dies die Möglichkeit, nicht nur das wahrzunehmen, was uns Angst macht, sondern auch Dinge, die dazu beitragen, die Angst zu verringern bzw. zu relativieren.

Nehmen wir einmal an, Frank würde sich etwas mehr Zeit zum Wahrnehmen der Situation nehmen und nicht nur dem Hund, der bei genauerer Betrachtung ziemlich klein und nicht besonders stark ausschaut, sondern auch der Person Aufmerksamkeit schenken, die neben dem Hund läuft. Dabei könnte Frank wahrnehmen, dass diese Person den Hund an einer kurzen Leine führt und über eine kräftige Statur verfügt, die den Schluss zulässt, dass sie die Leine auch festhalten kann. Dies könnte seine Angstreaktion etwas abmildern und dazu führen, dass Frank nicht den dringenden Impuls verspürt, die Straßenseite zu wechseln, sondern in der Lage ist, an dem Hund vorbeizugehen. Er mag sich dabei nicht sonderlich wohlfühlen, aber er vermeidet es nicht, dem Hund direkt zu begegnet. Je öfter er sich so verhält, umso größer ist die Wahrscheinlichkeit, dass seine Angst vor Hunden geringer wird. Dass sie nicht ganz verschwindet, liegt daran, dass Frank zunächst nur Erfahrung mit angeleinten Hunden macht. Vielleicht reicht das für Frank nicht aus, um seine Angst ganz zu verlieren. Denn schließlich gibt es ja tatsächlich Hunde, die beißen, und es kann in der Tat gefährlich werden, wenn sie nicht angeleint sind. Die Sache sähe natürlich anders aus, wenn neben Frank eine Nachbarin mit einem ungefährlichen und oftmals nicht angeleinten Hund einzöge. Dann müsste Frank entscheiden, wie er mit der Situation umgehen möchte. Er könnte seine Angst vor Hunden über neue Erfahrungen mit nicht angeleinten Hunden weiter verändern oder auch eine andere Möglichkeit wählen, z. B. könnte er die Nachbarin bitten, den Hund in seiner Gegenwart in Zukunft anzuleinen.

Wie Frank mit seiner Angst vor Hunden umgeht, sollte nach unserer Auffassung von einer von ihm selbst getroffenen, bewussten Entscheidung bestimmt sein, statt von schnellen automatisierten Reaktionen. Genauso sollte unserer Ansicht nach auch mit der Angst vor einem Scheitern, Misserfolgen oder Fehlern umgegangen werden. Sie sollten selbst entscheiden können, wie Sie damit umgehen wollen – selbstbestimmt eben.

Bevor wir uns nun an die Überprüfung des ersten Eindrucks machen, um die Möglichkeit zu haben, perfektionistische Tendenzen zu ändern, könnte ein Bild zur Orientierung ganz nützlich sein. Stellen Sie sich ein dreigeschossiges Haus vor. Im Erdgeschoss liegt das, was wir erleben bzw. was in einer konkreten Situation gegeben ist. Wir nennen das »Ereignisse«, auch wenn das, was wir erleben, nicht immer so spektakulär ist, wie es der Begriff »Ereignis« nahelegt. Im ersten Obergeschoss wohnen unsere Gedanken und vom zweiten Obergeschoss aus betrachten wir unsere Gedanken über die Ereignisse.

ABBILDUNG 8 Das Gedankenhaus

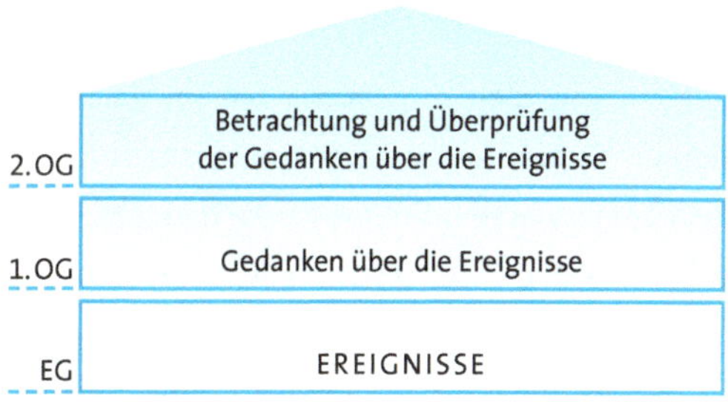

Anhand der folgenden Übungen wollen wir über das Erdgeschoss zunächst in das erste und dann weiter in das zweite Obergeschoss gelangen.

Die Chance, Ihre Angst vor dem Scheitern, vor Misserfolgen oder Fehlern zu überwinden, steht Ihnen genauso offen, wie es Frank offensteht, seine Angst vor Hunden zu überwinden. Fangen Sie damit an, indem Sie sich eine Woche lang jeden Abend ca. 20 Minuten Zeit nehmen, um ein sogenanntes Schwarz-Weiß-Tagebuch zu führen. (Diese Zeitangabe dient zur Orientierung; viel weniger Zeit halten wir für zu wenig, sehr viel mehr Zeit für nicht mehr gewinnbringend.) Box 11, S. 96, kann Ihnen als Vorlage hierfür dienen. Auch dieses Arbeitsblatt befindet sich unter den Downloadmaterialien, d. h. Sie können es herunterladen und mehrfach ausdrucken. Dort werden Ihnen drei Aufgaben gestellt:

- Zunächst werden Sie aufgefordert, eine erste Einschätzung zum Tag abzugeben. Entscheiden Sie spontan, »aus dem Bauch heraus« und wählen Sie eines der vorgegebenen Kästchen zwischen »gut« und »schlecht«.
- Im zweiten Schritt werden Sie gebeten, den Tag nach Ereignissen abzusuchen, die in drei Kategorien einzuordnen sind. Die zwei ersten Kategorien umfassen Ereignisse die danach beurteilt werden, ob Ihnen etwas gelungen ist (weiß) oder nicht (schwarz). Die dritte Kategorie umfasst Ereignisse des Tages, die nicht nach Erfolg oder Misserfolg beurteilt werden können, also nicht mit einer von Ihnen erbrachten Leistung im Zusammenhang stehen. Diese sind Ihnen sozusagen, falls sie schön waren, geschenkt worden. Und falls sie unschön waren, dann waren es einfach Ärgernisse, zu denen Sie nichts beigetragen haben.
- Schließlich werden Sie gebeten, den Tag erneut einzuschätzen.

Auch hier stehen Ihnen wieder sechs Kästchen zwischen »gut« und »schlecht« zur Verfügung.

Wie Sie in Box 11 , auf S. 96, sehen können, ist für das Aufschreiben dessen, was gut gelaufen ist und als Erfolg gesehen werden kann, doppelt so viel Zeit vorgesehen, wie für das, was schlecht gelaufen ist und als Misserfolg gesehen werden kann. Nutzen Sie diese Zeit, um Ihre Fähigkeit zu stärken, auf Erfolge zu achten, auch wenn Ihnen zu diesem Punkt auf Anhieb nicht viel einfallen mag. Sie werden merken, dass es Ihnen mit der Zeit leichter fallen wird, die Seite mit den Erfolgen zu füllen, weil Sie lernen schon während des Tages verstärkt auf Erfolge zu achten. Zu Beginn mag Ihnen diese Suche nach »dem Guten« künstlich und auch irgendwie anstrengend vorkommen. Auch das Erkennen von Ereignissen, die weder als Erfolg noch als Misserfolg bewertet werden können, mag ungewohnt sein. Das ist ganz normal! Haben Sie schon einmal versucht, mit Stäbchen zu essen? Das kommt einem anfangs auch ziemlich künstlich und anstrengend vor. Im Gegensatz zum Essen mit Messer und Gabel muss man sich darauf konzentrieren. In der Regel klappt es am Anfang nicht besonders gut. Aber mit der Zeit und mit ein bisschen Übung funktioniert es immer besser und kann einem sogar ein gutes Gefühl geben, weil man etwas Neues dazugelernt hat. Mit dem Schwarz-Weiß-Tagebuch ist das ähnlich. Es hilft, am Ende des Tages nicht komplett schwarzzusehen, indem es Sie dabei unterstützt, dem Schwarzen etwas Weiß beizumischen. Gleichzeitig lenkt es Ihre Aufmerksamkeit auch auf Dinge, die nichts mit der Frage zu tun haben, ob Ihnen etwas gelungen ist oder nicht. Und es lohnt sich, also nur Mut, lernen Sie, grau zu denken!

BOX 11 Das Schwarz-Weiß-Tagebuch

Erste Einschätzung: Wie war Ihr Tag? Kreuzen Sie das Kästchen zwischen den Polen Gut bzw. Schlecht an, das zu Ihrer Einschätzung am besten passt.
Schlecht ▯ ▯ ▯ ▯ ▯ ▯ Gut

Misserfolg: Was ist Ihnen heute nicht gelungen? Dafür haben Sie maximal **ca. 5 Minuten** Zeit

Erfolg: Was ist Ihnen heute gut gelungen? Nehmen Sie sich dafür **ca. 10 Minuten** Zeit

Was ist heute noch (Schönes und Unschönes) passiert, das sich nicht danach bewerten lässt, ob es ein Erfolg oder Misserfolg war? Nehmen Sie sich dafür **ca. 5 Minuten** Zeit

Wenn Sie die schlechten und guten Aspekte Ihres Tages noch mal Revue passieren lassen, wie würden Sie jetzt Ihr Kreuz setzen? Mein Tag war:
Schlecht ▯ ▯ ▯ ▯ ▯ ▯ Gut

Nebenwirkungen

Manche Perfektionisten und Perfektionistinnen neigen dazu, ihren Selbstwert nur an ihren Leistungen in einigen wenigen Lebensbereichen festzumachen. Das Führen eines Schwarz-Weiß-Tagebuchs kann und soll in diesem Fall dazu führen, dass der Blick auf Lebensbereiche erweitert wird, in denen man mit seinen Leistungen zufrieden ist. Zusätzlich sollen auch Ereignisse erkannt werden, die nichts mit dem Thema Leistung zu tun haben. Allzu leicht führen eine Fokussierung auf Leistung und Schwarz-Denken nämlich dazu, dass man aus dem Auge verliert, dass man durchaus kein »kompletter Versager« oder »völlig unfähig« ist, sondern dass es daneben einiges gibt, was einem gut gelingt, auf das man vielleicht sogar ein bisschen stolz sein kann. Zudem gibt es Dinge, die einem gut tun, ohne dass sie mit guter Leistung erarbeitet wurden. Sie wurden einem sozusagen einfach geschenkt. Das macht es leichter, auch das zu akzeptieren, was nicht so gut gelungen ist. Statt sich selbst zu bewerten, kann man so lernen, sich selbst zu akzeptieren. Ein wichtiger Schritt, auf den wir im Kapitel »Sich selbst wertschätzen, statt zu bewerten« ab S. 134 noch einmal zurückkommen werden.

Probleme beim Führen eines Schwarz-Weiß-Tagebuchs

Dass es gerade am Anfang nicht ganz einfach sein kann, seine Wahrnehmung für das Positive zu schärfen, haben wir bereits versucht, deutlich zu machen. Aber was ist, wenn es einem trotz einigen Tagen oder gar Wochen des Übens nicht gelingt, wirklich Positives zu finden? Oder was ist, wenn Sie eigentlich gar nicht motiviert sind, danach zu suchen, da Sie fest davon überzeugt sind, nichts Positives in ihrem Leben finden zu können? Nun, es gibt natürlich Lebensphasen, in denen wir Belastendes durchmachen, das wir als Versagen erleben, wie z. B. das Ende einer Beziehung oder den Verlust des Arbeitsplatzes. Solche Erfahrungen können zu mehr oder weniger stark ausgeprägten depressiven Episoden führen. Eine depressive Episode zeichnet sich typischerweise durch eine durchgängig gedrückte Stimmung, den Verlust von Interesse an Dingen, das Unvermögen sich zu freuen, fehlenden Antrieb und schnelle Ermüdbarkeit aus. Das Wort »typischerweise« ist in diesem Zusammenhang wichtig, denn depressive Episoden können sehr viele Gesichter haben. Zum Beispiel kann es auch vorkommen, dass sich eine depressive Episode vor allem durch körperliche Beschwerden bemerkbar macht, durch eine Veränderung hin zu mehr oder weniger Schlaf, mehr oder weniger Appetit als sonst oder durch eine Steigerung von Anspannung und Aktivität. Wenn die depressive Episode länger dauert als zwei Wochen und die Möglichkeiten, sich selbst zu helfen kaum oder gar nicht gegeben sind, dann suchen Sie Ihren Hausarzt bzw. Ihre Hausärztin oder einen Therapeuten bzw. eine Therapeutin auf. Anhand des Fragebogens in Box 12 können Sie herausfinden, ob bei Ihnen eine depressive Episode vorliegen könnte. Allerdings kann erst nach einer ausführlichen Diagnostik festgestellt werden, ob Sie an einer Form der Depression leiden.

BOX 12 Kriterien für eine depressive Episode

Die folgenden Aussagen betreffen Ihr Wohlbefinden **in den letzten zwei Wochen.** Sie orientieren sich an Kriterien der Weltgesundheitsorganisation (WHO 1998). Bitte markieren Sie bei jeder Aussage die Zahl, die Ihrer Meinung nach am besten beschreibt, wie Sie sich in den letzten zwei Wochen gefühlt haben. Hier die Bedeutung der Zahlen:

(5) Die ganze Zeit
(4) Meistens
(3) Etwas mehr als die Hälfte der Zeit
(2) Etwas weniger als die Hälfte der Zeit
(1) Ab und zu
(0) Zu keinem Zeitpunkt

In den letzten **zwei** Wochen …

… war ich froh und guter Laune.	5	4	3	2	1	0
… habe ich mich ruhig und entspannt gefühlt.	5	4	3	2	1	0
… habe ich mich energisch und aktiv gefühlt.	5	4	3	2	1	0
… habe ich mich beim Aufwachen frisch und ausgeruht gefühlt.	5	4	3	2	1	0
… war mein Alltag voller Dinge, die mich interessieren.	5	4	3	2	1	0

Kommen Sie auf **weniger als 14 Punkte** oder beantworten Sie **mindestens eine Frage mit 0 oder 1**, dann ist eine weitere Diagnostik angeraten, um zu klären, ob bei Ihnen eine Depression vorliegt. Vereinbaren Sie dazu einen Termin bei Ihrem Hausarzt bzw. Ihrer Hausärztin oder bei einem Therapeuten bzw. einer Therapeutin.

Mit dem Schwarz-Weiß-Tagebuch haben wir uns im Erdgeschoss des Hauses genauer umgesehen. Nun gehen wir in das erste Obergeschoss.

Ich denke, also fühle ich

Oder warum es gut tun kann, die eigenen Gedanken einem Realitätscheck zu unterziehen

Auf der »Misserfolgs«-Seite Ihres Tagebuchs werden sich Situationen finden, die Ihnen negative Gefühle bereitet haben. Doch waren es wirklich die Ereignisse, die Ihre negativen Gefühle ausgelöst haben?

Wie wir bereits gesehen haben, liegt nach dem ABC des kognitiven Verhaltensmodells zwischen dem Auslöser A und dessen Konsequenzen für unser Verhalten und Erleben C immer die Bedeutung, die wir einer Situation zuschreiben und deren Bewertung. Diese zwei Bs sind es, die darüber entscheiden, ob wir etwas als schlecht oder gut, angenehm oder unangenehm empfinden. Sind sie an der Realität der jeweiligen Situation orientiert, dann sind auch unsere Gefühle der Situation angemessen und es gelingt uns besser, auch mit negativen Ereignissen umzugehen. Wohlgemerkt: Angemessene Gefühle sind nicht immer nur schöne Gefühle. Verpasse ich aufgrund einer starken Erkältung die Geburtstagsfeier eines guten Freundes oder einer guten Freundin, dann ist es durchaus angemessen, dass ich darüber traurig bin. Diese Traurigkeit bringt ja auch zum Ausdruck, dass mir das Geburtstagskind viel bedeutet. Würde ich allerdings darüber sosehr in Trübsinn verfallen, dass ich mich nicht mehr um mich und meine Erkältung kümmere, dann ist dieses Gefühl zu stark und daher unangemessen.

In der Angemessenheit der Bewertung von Ereignissen liegt ein wesentlicher Unterschied zwischen Menschen, denen ihre Ansprüche an sich selbst Probleme bereiten und solchen, die gut damit zurechtkommen. Dieser Unterschied zeigt sich vor allem darin, wie sie damit umgehen, wenn ihnen etwas nicht gelingt und sie das Gefühl haben, ihren Ansprüchen nicht gerecht werden zu können. Genau das wollen wir in diesem Abschnitt bearbeiten. Führen Sie dazu Ihr Schwarz-Weiß-Tagebuch weiter. Planen Sie an einem Tag, an dem auf der »Misserfolgs«-Seite ein Ereignis auftaucht, welches Sie spürbar belastet, etwas mehr Zeit ein. Nutzen Sie dann das Arbeitsblatt in Box 13 auf S. 102 (und zum Herunterladen), um Ihre Gedanken über das Ereignis festzuhalten. Wir sehen uns jetzt im ersten Obergeschoss um. Ihre Aufgabe ist es, sich Ihre Gedanken genauer anzusehen und hierfür Ihre Gefühle zu nutzen. Wie das geht, erfahren Sie jetzt.

Den meisten Perfektionisten fällt es relativ leicht, etwas als Fehler, Versagen oder Scheitern zu bezeichnen. Ihnen ist in der Regel auch das damit einhergehende unangenehme Gefühl bewusst. Weniger klar ist ihnen, wie übrigens vielen anderen Menschen auch, um welches Gefühl es sich handelt. Hier eine Auswahl von Worten, die wir üblicherweise für unangenehme Gefühle verwenden:

traurig – ängstlich – wütend – frustriert – nervös – deprimiert – beschämt – schuldbewusst –

Versuchen Sie in Box 13, S. 102, Ihre Gefühle so präzise wie möglich zu benennen und nutzen Sie die Worte dazu. Ergänzen Sie die obige Liste, wenn Sie noch andere Worte für Ihre Gefühle gefunden haben. Um Ihren Gedanken auf die Spur zu kommen, nutzen Sie ihr benanntes Gefühl. Hat z. B. ein Fehler, den Sie gemacht haben, bei Ihnen Gefühle ausgelöst und das Wort »wütend« beschreibt diese Gefühle, dann beginnen Sie einen Satz mit: »Ich bin wütend, weil …«.

BOX 13 Das Gedankentagebuch

Was ist mir nicht gelungen?

Welche Gefühle sind entstanden? Wie stark war jedes dieser Gefühle auf einer Skala von 1 (ganz schwach) bis 6 (kaum auszuhalten)?

Welche Gedanken sind mir in dieser Situation durch den Kopf gegangen?

BOX 14 Mit Hilfe von Emotionen Gedanken auf die Spur kommen

Sie können auch versuchen, sich bewusst zu werden, woran Sie merken, dass Sie ein spezifisches Gefühl, wie z.B. Wut, Traurigkeit oder Angst, haben. Spezifische Gefühle werden in der psychologischen Fachsprache Emotionen genannt. Und zu jeder Emotion gehören typische körperliche Reaktionen und Handlungsimpulse. Zur Wut gehören z.B. muskuläre Anspannung, besonders im Bereich der Oberschenkel und des Kiefergelenks, und der Impuls, Dinge zu werfen oder kaputt zu machen. Sie können also körperliche Empfindungen und Handlungsimpulse nutzen, um eine Emotion zu identifizieren. Eine klar bezeichnete Emotion kann Sie dabei unterstützen, den Gedanken auf die Spur zu kommen, die mit den Gefühlen verbunden sind. Jede Emotion hat nämlich ein bestimmtes Thema. Im Anhang, ab S.149, finden Sie eine Tabelle, in der wir ein paar Emotionen mit zugehörigem Thema, körperlichen Reaktionen und Handlungsimpulsen aufgeführt haben. Sie werden sehen, es kann sehr interessant sein, sich den eigenen Gefühlen zuzuwenden!

Abbildung 9 veranschaulicht noch einmal den Zugang zu den eigenen Gedanken über Ihre Emotionen.

ABBILDUNG 9 Gedanken auf der Spur

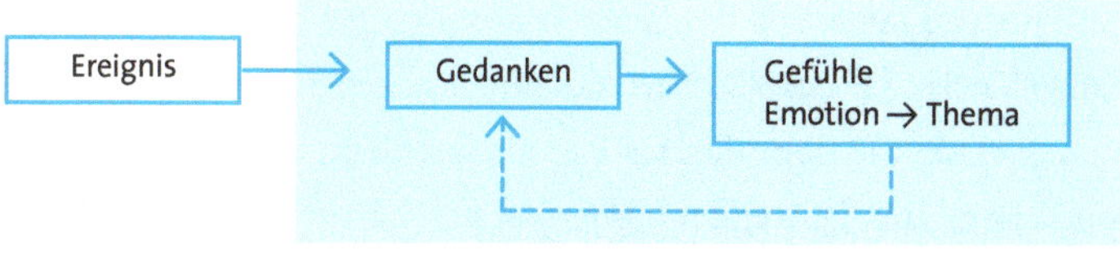

Es ist gar nicht so leicht, die Gedanken zu benennen, die unsere Gefühle begleiten. Da die Gedanken im Rahmen der kognitiven Verhaltenstherapie als Auslöser für unsere Gefühle verstanden werden, ist dieser Schritt jedoch sehr wichtig. Wundern Sie sich also nicht, wenn Ihre ersten Arbeitsblätter noch recht leer sind. Es kann sogar sein, dass es Ihnen beim ersten oder zweiten Versuch überhaupt nicht gelingt, sich an irgendwelche Gedanken zu erinnern. Das liegt daran, dass viele unserer Denkschemata automatisiert sind. Auch das macht das Beispiel mit Franks Angst vor Hunden deutlich. Es bedarf daher einiger Übung, Zugang zu den eigenen Gedanken zu bekommen.

Auch eine größere zeitliche Distanz zu den Situationen, die in uns negative Gefühle ausgelöst haben, kann den Zugang zu unseren Gedanken erschweren. Unser Gedächtnis ist begrenzt und viele Eindrücke, die einem selbst in einer konkreten Situation ganz präsent sind, verschwinden schnell wieder, weil sie durch andere Eindrücke abgelöst oder überdeckt werden. Ein erster Schritt auf der Suche nach den Gedanken, die Ihre Gefühle begleitet haben, besteht daher darin, die zeitliche Distanz zu verringern. Tun Sie das, indem Sie versuchen, sich so bald wie möglich nach einer Situation, in der Sie den Eindruck haben, einen Fehler gemacht zu haben oder gescheitert zu sein, den Freiraum zu schaffen aufzuschreiben, was passiert ist. Kaufen Sie sich ein kleines Notizbuch und übertragen Sie die Fragen von Box 13 auf ein paar Seiten oder laden Sie das Arbeitsblatt herunter und drucken Sie es sich mehrfach aus. Achten Sie darauf, dass Sie das Büchlein, die Arbeitsblätter und etwas zum Schreiben immer bei sich haben. Sie können auch Ihr Smartphone nutzen. Suchen Sie sich einen ruhigen Platz und lassen Sie die Situation noch mal kurz Revue passieren, bevor Sie sich an die Beantwortung der Fragen machen.

Mit der Zeit und etwas Übung werden Sie merken, wie eng die Verbindung zwischen Ihren Gefühlen und den Gedanken ist, die Sie in einer bestimmten Situation haben. Vielleicht merken Sie auch, dass ihre negativen Gefühle wieder stärker werden, wenn Sie sich näher mit diesen Gedanken beschäftigen. Das ist ganz normal und macht deutlich, wie stark die Interpretation einer Situation – also die Gedanken, die wir uns machen – unser Wohlbefinden beeinflusst. Um es auf einen einfachen Nenner zu bringen: Wenn wir uns negative Gedanken machen, haben wir auch negative Gefühle. Positive Gedanken führen hingegen zu positiven Gefühlen. Wer sich schwerpunktmäßig mit den negativen Aspekten einer Situation beschäftigt, nimmt sich daher die Möglichkeit, sich in einer Situation gut oder zumindest besser zu fühlen. Mit ihrer Fokussierung auf das Negative sind Perfektionisten daher recht gefährdet, sich nicht wohl zu fühlen.

Bevor wir den nächsten Schritt hin zur Änderung perfektionistischer Tendenzen machen, wollen wir kurz innehalten. Bisher haben Sie ein Schwarz-Weiß-Tagebuch geführt und dabei vielleicht festgestellt, dass Ihr erster Eindruck, Ihr Tag sei überwiegend mit Misserfolgen gefüllt, einer genaueren Überprüfung nicht standhielt und doch Erfolge zu verzeichnen waren. Vielleicht haben Sie auch festgestellt, dass es eine ganze Reihe von Ereignissen ohne Bezug zur eigenen Leistung gab. Oft ändert sich durch eine genauere, abgewogenere Betrachtung des Tages die Einschätzung. War dies auch bei Ihnen der Fall, als Sie das Erdgeschoss Ihres Hauses betreten und sich darin aufgehalten haben?

Danach haben Sie sich ein »Misserfolgs«-Ereignis herausgesucht und genauer angesehen. Besser gesagt, Sie haben die Gedanken aufgespürt, die Ihre negativen Gefühle während des Ereignisses begleitet haben. Es ist wichtig, dass Sie diese Gedanken in Worte fassen und so genau wie möglich beschreiben. Lassen Sie sich daher Zeit mit Ihrem Gedankentagebuch (Box 13) und verweilen Sie so lange im ersten Obergeschoss – für das dieses Arbeitsblatt steht –, bis Sie das Gefühl haben, die richtigen Worte für Ihre Gedanken gefunden zu haben. Ist dies der Fall, ist es auch Zeit, weiterzugehen.

Im Abschnitt zu den perfektionistischen Bedenken, ab S. 29, haben wir gesehen, dass Perfektionisten zu Denkmustern neigen, die besonders geeignet sind, negative Gefühle herbeizuführen. Ziel einer kognitiven Verhaltenstherapie ist es, den Realitätsgehalt und die Angemessenheit solcher Denkmuster zu prüfen und sie dadurch zu entschärfen. Dieser Weg steht auch Ihnen offen. Die folgenden sieben Fragen sollen Sie dabei unterstützen. Nehmen Sie sich die Gedanken, die Sie in Ihrem Gedankentagebuch (Box 13) notiert haben noch einmal vor und versuchen Sie, diese Gedanken mittels der sieben Fragen einem Realitätscheck zu unterziehen. Im Gegensatz zum Schwarz-Weiß-Tagebuch ist für den Realitätscheck nicht bei jeder Frage ein Platz zum Notieren der Antworten vorgesehen. Wenn Sie sich zu einigen Antworten Notizen machen möchten, nutzen Sie dazu einfach ein weiteres Blatt.

BOX 15 Sieben Fragen zum Realitätscheck Ihrer Gedanken

1. Lege ich da zweierlei Maßstäbe an – einen Maßstab für mich und einen für die anderen?	Wenn *Ja*: • Warum würde ich einen anderen Menschen nicht so streng beurteilen, wenn er oder sie diesen Misserfolg erleben würde? • Warum gelten diese Überlegungen nicht für mich?
Was ist mir bei der Beantwortung der Fragen deutlich geworden?	

Tipp: Suchen Sie das Gespräch mit anderen in dieser Frage. Finden Sie heraus, anhand welcher Maßstäbe andere Menschen Ereignisse beurteilen und wie diese über ihre eigenen Misserfolge denken. Formulieren Sie ruhig die Maßstäbe und Beurteilungen anderer in Sätze und schreiben Sie sie auf. Dann können das, was Sie geschrieben haben, nach dem Gespräch noch einmal durchlesen und mit Ihren Maßstäben und Beurteilungen von Ereignissen vergleichen.

2. Waren bei den Gedanken solche, die in irgendeiner Form das Wort »sollen« beinhaltet haben?	Wenn Ja: • Formulieren Sie die Regel zu diesem »sollen«, z.B. »E-Mails sollten keine Rechtschreibfehler enthalten«. • Wer hat diese Regel aufgestellt? • Was genau passiert, wenn ich gegen diese Regel verstoße? • Welche Vorteile hat das Befolgen dieser Regel? • Welche Nachteile hat das Befolgen dieser Regel?
Was ist mir bei der Beantwortung der Fragen deutlich geworden?	

Tipp: Versuchen Sie, wenn möglich, sich statt an einer Regel, an einer Richtschnur zu orientieren. Eine Regel ist etwas Starres. Das merkt man schon in unserem Sprachgebrauch, denn man *bricht* eine Regel, wenn man gegen sie (ver-)*stößt*. Eine Richtschnur ist da viel flexibler. Wenn wir sie nicht überdehnen, passt sie sich an und: nach einem (Ver-)Stoß, lässt sie sich auch wieder gerade ziehen.

3. Waren bei den Gedanken solche, die in irgendeiner Form das Wort »müssen« beinhaltet haben?	Wenn *Ja*: • Es stimmt, ich muss essen, damit ich nicht verhungere, aber warum muss ich (Tragen Sie hier ein, was Sie denken zu müssen.) • Was passiert, wenn mir das nicht gelingt? • Wie schwerwiegend sind diese Konsequenzen bei genauer Betrachtung? • Wie wahrscheinlich ist es bei genauer Betrachtung, dass diese Konsequenzen überhaupt eintreten?
Was ist mir bei der Beantwortung der Fragen deutlich geworden?	

Tipp: Probieren Sie mal, das Wort »müssen« durch das Wort »wollen« zu ersetzen. Auf den ersten Blick mag das für Sie keinen großen Unterschied machen. Bei genauerer Betrachtung kann man aber erkennen, dass das *Wollen* der Möglichkeit, ein Ziel nicht zu erreichen, viel mehr Raum lässt. Kein Mensch würde auf die Idee kommen zu sagen »Ich muss im Lotto gewinnen«, wollen tun das jedoch offenbar recht viele.

4. Waren bei den Gedanken solche, die sich mit negativen Konsequenzen des Misserfolgs beschäftigt haben?	Wenn *Ja*: • Welche Konsequenzen sind das genau? • Wie schwerwiegend sind diese Konsequenzen bei genauer Betrachtung? • Wie wahrscheinlich ist es bei genauer Betrachtung, dass diese Konsequenzen eintreten? • Mit welchen Konsequenzen kann ich eigentlich leben?
Was ist mir bei der Beantwortung der Fragen deutlich geworden?	

Tipp: Suchen Sie bewusst nach weiteren möglichen Konsequenzen und prüfen Sie auch bei diesen, wie schwerwiegend und wie wahrscheinlich sie sind. Spielen Sie dabei weniger mit Worst-Case-Szenarien, sondern versuchen Sie, sich alternative Konsequenzen auszudenken, die günstiger für Sie sind.

5. Gab es bei den Gedanken solche wie z. B. »Ich bin ein Versager, eine Niete, komplett unfähig, zu nichts zu gebrauchen …«?	Wenn *Ja*: • Hätte ich auch meinen besten Freund oder meine beste Freundin so bezeichnet, wenn ihm oder ihr das Gleiche passiert wäre? • Wenn nicht: Welche »mildernden Umstände« lasse ich für diese Person gelten? • Warum gelten die nicht für mich?
Was ist mir bei der Beantwortung der Fragen deutlich geworden?	

Tipp: Stellen Sie sich vor, jemand, der Ihnen nahe steht, würde sich als Versager oder Niete bezeichnen oder sagen, er sei komplett unfähig oder zu nichts zu gebrauchen. Was würden Sie dieser Person erwidern?

6. Bin ich ganz alleine verantwortlich für das, was passiert ist?

Wenn Ja:
- Wer oder was könnte noch zum Misserfolg beigetragen haben?

Was ist mir bei der Beantwortung der Fragen deutlich geworden?

Tipp: Perfektionisten machen sich manchmal das Leben schwer, weil sie alles alleine machen wollen. Überlegen Sie sich, wen Sie um Unterstützung hätten bitten oder an wen sie Teilaufgaben hätten delegieren können. Nachbessern geht häufig immer noch! Sie können mit solchen Maßnahmen nicht nur erreichen, dass sich die Verantwortung auf mehrere Schultern verteilt, sondern Sie binden damit auch andere Menschen in Ihr Handeln ein und werten sie damit auf. Das wird Ihnen Sympathien schenken.

7. Gab es in der Situation auch positive Gedanken, die mir durch den Kopf gegangen sind?	Wenn Nein: • Gab es in der Situation bei genauerer Betrachtung auch etwas, das mir gut gelungen ist? Was war das genau? • Welche Gründe könnten dafür sprechen, dass dieser Erfolgsaspekt genauso viel wiegt wie der Misserfolgsaspekt? • Hätten andere an meinem Verhalten in der Situation etwas positiv gefunden? Was genau könnte das gewesen sein?
Was ist mir bei der Beantwortung der Fragen deutlich geworden?	

Tipp: Geben Sie sich in Situationen, in denen Sie das Gefühl haben, dass Ihnen Ihre perfektionistischen Tendenzen Probleme bereiten, bewusst ein Feedback nach der Fünf-Finger-Methode. Wie die funktioniert, sehen Sie auf der nächsten Seite.

Die Fünf-Finger-Methode

Daumen:	Lob	»Gut fand ich, dass …«
Zeigefinger:	Hinweis	»Mir ist aufgefallen, dass …«
Mittelfinger:	Tadel	»Mir hat nicht gefallen, dass …«
Ringfinger:	Verbindung	»Für das nächste Mal nehme ich mit, dass …«
Kleiner Finger:	Mangel	»Zu kurz ist gekommen, dass …«

Nachdem Sie Ihre Gedanken einem Realitätscheck unterzogen haben, formulieren Sie nun bitte alternative, angemessene Gedanken für das Ereignis, das Sie als Misserfolg identifiziert haben. Dazu können Sie Box 16 nutzen. Zur Erinnerung: Angemessene Gedanken sind an der Realität der Situation orientiert und ermöglichen es einem, mit dem negativen Ereignis gut umzugehen.

Zur Orientierung – wir gehen jetzt in das zweite Obergeschoss und geben Ihnen vorab noch zwei Hinweise mit auf den Weg:

1. Nur weil ein neuer Gedanke ungewohnt ist, ist er deshalb nicht gleich falsch! Lassen Sie sich daher auch den Realitätscheck Zeit und versuchen Sie Antworten zu finden, die Sie wirklich überzeugen.
2. Erinnern Sie sich noch an die Wahrnehmungsübung Positiv-Negativ auf S. 16? In dieser Übung haben Sie vielleicht die Erfahrung gemacht, dass Sie sich unbehaglich oder angespannt gefühlt haben, als Sie Ihre Aufmerksamkeit auf das gerichtet haben, was in Ihrer Umgebung verändert werden müsste.

BOX 16 Alternative Gedanken zu einem Misserfolg

Was ist mir nicht gelungen?	
Meine alternativen Gedanken dazu sind folgende:	
Was spricht für die Angemessenheit dieser Gedanken?	
Wie fühlen Sie sich mit diesen neuen Gedanken?	

Genau dasselbe kann auch passieren, wenn Sie sich an den Realitätscheck Ihrer Gedanken machen. Denn auch hier geht es um Veränderung. Lassen Sie sich durch mögliche negative Gefühle nicht entmutigen!

Nebenwirkungen

Schon beim Führen Ihres Schwarz-Weiß-Tagebuchs haben Sie gelernt, sich selbst genauer zu beobachten. Ihr Gedankentagebuch und der dazugehörige Realitätscheck sollen Ihnen dabei helfen, diese Fähigkeit zur Selbstbeobachtung weiter auszubauen. Es ist eine ausgesprochen nützliche Fähigkeit, wie einige Studien zeigen, auf die Sarah Egan und Kollegen (2014) in ihrem Buch *Cognitive-Behavioral Treatment of Perfectionism* hinweisen. Eine mögliche Erklärung bieten Cohen u.a. (2013). Sie gehen davon aus, dass die aktive Auseinandersetzung mit dem eigenen Verhalten und Erleben einem das Gefühl geben kann, selbstbestimmt zu sein und das, was man erlebt, kontrollieren zu können. Beides stärkt das Selbstbewusstsein, denn genau dies geschieht ja, wenn man sich selbst beobachtet: man wird sich seiner selbst bewusst. Wie schon durch das Führen des Schwarz-Weiß-Tagebuchs gibt man sich die Chance, mehr auf die positiven Seiten des Selbst zu achten. Wie wir bereits bei den Nebenwirkungen des Schwarz-Weiß-Tagebuchs beschrieben haben, unterstützt es uns darüber hinaus dabei, uns selbst zu akzeptieren.

Probleme bei der Überprüfung von perfektionistischen Denkmustern

Wie beim Führen eines Schwarz-Weiß-Tagebuchs kann es auch beim Realitätsscheck Ihrer Gedanken zu Problemen kommen. Auf ein Problem sind wir bereits eingegangen, nämlich auf die Tatsache, dass es Ihnen zunächst schwerfallen mag, Ihren Gedanken auf die Spur zu kommen. Da helfen nur Übung und die Bereitschaft, sich immer wieder die Zeit zu nehmen, um eine Situation noch einmal Revue passieren zu lassen, in der sie das Gefühl hatten, dass Ihnen perfektionistische Tendenzen Probleme bereiten. Sollten Sie feststellen, dass Ihnen das nicht gelingt, lohnt es sich vielleicht, sich dieses »Scheitern« etwas genauer anzuschauen. Könnte es sein, dass auch hier das eine oder andere perfektionistische Denkmuster beteiligt ist? *Müssen* Sie bei der Arbeit immer zu 100 Prozent präsent sein und können sich daher nicht kurz rausnehmen, um sich mit sich selbst zu beschäftigen? Denken Sie, dass es *ausgesprochen negative Konsequenzen* hätte, wenn Sie jemand dabei »erwischt«, während Sie Ihr Gedankentagebuch führen? Haben Ihre ersten Versuche mit dem Gedankentagebuch nicht so richtig geklappt und machen Sie sich jetzt Vorwürfe, dass Sie das eigentlich viel besser hinbekommen *sollten*?

Es könnte sein, dass solche Gedanken Ihre Motivation, an Ihren perfektionistischen Tendenzen zu arbeiten, auf nahe Null sinken lassen! Gleichzeitig sind solche Gedanken Beispiele dafür, dass perfektionistische Denkmuster einem nicht nur schlechte Gefühle bereiten, sondern auch direkte Auswirkungen auf das Verhalten haben können. Wie auf S. 86 und 87 zu lesen ist, können diese Auswirkungen gerade bei Perfektionisten schädlich sein und zu Vermeidungsverhalten und Prokrastination führen. Beides verstärkt eine negative Gefühlslage. Prokrastination führt zu negativen Gefühlen, weil das Aufschieben von Dingen, die zu erledigen sind, zusätzlichen Stress bereitet. Dieser entsteht immer, wenn wir etwas vor uns herschieben, das wir uns vorgenommen haben. Vermeidungsverhalten führt hingegen zu negativen Gefühlen, weil es uns die Chance nimmt, uns mit unseren Ängsten auseinanderzusetzen und sie zu bewältigen.

Gerade Perfektionisten laufen hier Gefahr, sich zu überfordern. Häufig haben sie nicht nur den Anspruch, tadellose Ergebnisse bei dem abzuliefern, was sie tun, sondern auch, dass sie das ganz alleine hinbekommen *müssen* (perfektionistisches Denkmuster erkannt?). Es ist daher sinnvoll, sich bei Problemen in der Umsetzung der von uns vorgeschlagenen Methoden zu fragen, ob es nicht doch zielführender sein könnte, sich therapeutische Unterstützung zu suchen. Zum einen kann diese Unterstützung motivierend wirken. Feste Termine, zu denen man z.B. vereinbart hat, die Einträge in ein Gedankentagebuch gemeinsam zu besprechen, können einem helfen, sich die Zeit zu nehmen, an dem Tagebuch zu arbeiten, schlicht und einfach, weil man zum vereinbarten Termin nicht mit leeren Händen dastehen möchte. Gleichzeitig bieten die Therapiestunden eine gute Möglichkeit, sich mit Hindernissen auseinander zu setzen, mit denen man sich bei der Umsetzung seiner Pläne konfrontiert sieht und gemeinsam Lösungen dafür zu finden. Und schließlich können Therapeutinnen und Therapeuten einen beim Realitätscheck unterstützen, indem sie uns Fragen stellen, auf die wir selbst noch gar nicht gekommen sind, oder alternative Sicht- oder Interpretationsmöglichkeiten anbieten.

Sollten Sie also Probleme bei der Umsetzung der vorgeschlagenen Übungen feststellen, nehmen Sie sich die Zeit und setzen sich mit der Frage auseinander, ob es nicht doch sinnvoller sein könnte, diesen Ratgeber aus der Hand zu legen und sich auf die Suche nach einer Therapie zu machen.

Stellen Sie Ihre Ziele auf die Probe

Oder warum es lohnend sein kann, sich mit seinen Zielen etwas genauer auseinander zu setzen

Dass die Ziele von Perfektionisten anspruchsvoll sind, ist eine Binsenweisheit. Das Gleiche gilt dafür, dass das Erreichen anspruchsvoller Ziele durchaus lohnenswert ist, weil es unser Selbstwertgefühl steigert und unser Wohlbefinden erhöht. Wer sonnt sich nicht gerne im Erfolg? Menschen, die mit ihren hohen Ansprüchen zurechtkommen, scheint das zu gelingen. Das liegt zum einen daran, dass sie zwar das Negative sehen, dabei jedoch auch immer einen Blick auf das Positive haben. Das führt dazu, dass ihre Gefühlslage positiver ist und sie dadurch leichter die Motivation aufbringen können, an ihren anspruchsvollen Zielen zu arbeiten. Diese tendenziell positive Gefühlslage wird dadurch unterstützt, dass ihr Denken stärker an der Realität orientiert ist. So neigen sie z. B. weniger dazu, schwerwiegende negative Konsequenzen zu erwarten, wenn ihnen etwas nicht so gut gelingt, wie sie es sich eigentlich vorgenommen haben. Die bisherigen Übungen sollten Sie dabei unterstützen, einmal selbst auszuprobieren, diese Strategien anzuwenden.

In diesem Abschnitt wollen wir uns nun mit den Zielen selbst auseinandersetzen, denn auch hier lauern ein paar Hindernisse, deren Überwindung uns dabei unterstützen kann, mit unseren Ansprüchen besser umzugehen. Das Problem, das wir in Angriff nehmen wollen, besteht darin, dass Versagensängste oder das Gefühl, den eigenen Anforderungen nicht gerecht werden zu können, manchmal daher rühren, dass wir unsere Ziele zu ungenau definieren. Je ungenauer Ziele formuliert sind, umso größer ist die Gefahr, dass wir nur schlecht bestimmen können, was uns bereits gelungen ist. Es ist auch deutlich schwerer, herauszufinden, an was wir noch arbeiten müssen, oder ob das überhaupt nötig ist. Auch die Frage, wie realistisch es ist, ein Ziel zu erreichen, wird durch eine ungenaue Zieldefinition erschwert. Das Gleiche gilt für die Frage, was man tun muss, damit es einem gelingt, ein Ziel zu erreichen.

Um seine Ziele einer PROBE zu unterziehen, empfiehlt es sich, mit dem ersten (P) und dem letzten Buchstaben (E) zu beginnen. Wenn Sie sich z. B. das Ziel gesetzt haben, bewusster zu essen, dann besteht das Ziel die PROBE erst, wenn Sie präzise (P) festgelegt haben, welche Lebensmittel zum bewussten Essen gehören. Das Ziel »bewusst essen« wäre viel zu ungenau und würde daher dazu führen, dass Sie gar nicht genau wüssten, wann Sie Ihr Ziel überhaupt erreicht haben. Besser geeignet wäre es, das Ziel zu formulieren, Bio-Lebensmittel zu essen. Auf die Frage, warum es wichtig ist, Ziele positiv zu formulieren, werden wir bei der Objektivierbarkeit genauer eingehen.

Ziele auf die PROBE zu stellen, ist eine Möglichkeit, mit diesen Problemen umzugehen. Das Akronym PROBE steht dabei für fünf

Anforderungen an Ziele, die dazu beitragen, dass wir sie leichter umsetzen können:

BOX 17 Anforderungen an Ziele

Ein Ziel besteht die PROBE, …

P	Präzise	… wenn es Ihnen gelingt, das Ziel präzise und positiv zu formulieren.
R	Realistisch	… wenn es in Ihrer Lebensrealität umsetzbar ist oder Sie gegebenenfalls umsetzbare Maßnahmen ergreifen können, Ihre Situation so zu verändern, dass es realistischer wird, Ihr Ziel zu erreichen.
O	Objektivierbar	… wenn Sie objektive Kriterien für Ihr Gelingen haben, d. h. dass es unabhängig von ihrer Einschätzung möglich ist zu erkennen, ob das Ziel erreicht wurde.
B	Bewältigbar	… wenn Sie die Fähigkeit haben, das Ziel zu erreichen oder gegebenenfalls Maßnahmen ergreifen können, um Ihre Fähigkeiten zu stärken.
E	Etappenziele	… wenn Sie Zwischenziele benennen können.

Nehmen wir also an, Sie haben sich zum Ziel gesetzt, Bio-Lebensmittel zu konsumieren, dann besteht der nächste Schritt darin, sich Etappenziele (E) zu setzen. Das könnte zum Beispiel sein, dass Sie sich erst einmal informieren, welche Bio-Siegel es überhaupt gibt und nach welchen Sie sich richten wollen. Wenn Sie das schon wissen, könnte ein Etappenziel aber auch darin bestehen, die Adressen und Öffnungszeiten der Bioläden in Ihrer Umgebung rauszusuchen oder ein Buch mit Rezepten für Wurzelgemüse zu kaufen.

Als nächstes nehmen Sie sich dann die Buchstaben R und B vor, um die Umsetzbarkeit Ihres Zieles zu prüfen. In Bezug auf Ihre Lebensrealität (R) könnte das z.B. bedeuten, dass Sie sich vornehmen, bis zur Erreichung Ihres Ziels erst einmal keine Esseneinladungen anzunehmen, oder dass Sie sich Alternativen für das Essen in der Kantine organisieren. Letzteres könnte bedeuten, dass Sie noch einmal zu den Etappenzielen zurückkommen und als weitere Etappe einplanen, sich geeignetes Geschirr zum Transport selbstgemachten Essens zu kaufen. Es geht hier um die Situationen, in denen Sie sich befinden, während Sie Ihr Ziel in die Tat umsetzen und die Frage, wie Sie diese so gestalten können, dass Sie mit möglichst wenig Hindernissen zu kämpfen haben oder vielleicht sogar Unterstützung bekommen. Diesen Aspekt vernachlässigen Perfektionistinnen und Perfektionisten häufig, weil sie nur bei sich selbst die Verantwortung für ihr Handeln sehen. Dabei könnte es sich im Sinne einer möglichst unproblematischen Zielerreichung z.B. als ganz sinnvoll erweisen, Kolleginnen oder Kollegen zu fragen, ob sie sich nicht an der Aktion beteiligen wollen. Die Versuchung, in der Kantine schnell eine Bratwurst aus Fleisch aus konventioneller Tierhaltung zu essen, wäre dann vielleicht nicht ganz so groß. Der Umgang mit Versuchungen könnte auch eine Rolle bei der Auseinandersetzung mit der Bewältigbarkeit (B) spielen. Wenn Sie z.B. schon wissen, dass es Ihnen an der Fähigkeit mangelt, Versuchungen zu widerstehen, könnten Sie vielleicht beschließen, alle nicht Bio-Süßigkeiten, die noch in irgendwelchen Schubladen oder Schränken liegen, zu verschenken. Da auch Etappenziele Ziele sind, ist es wichtig, auch diese auf ihre Realisierbarkeit und Bewältigbarkeit hin zu prüfen.

Es kann sein, dass Sie im Rahmen der Prüfung von Realisierbarkeit (R) und Bewältigbarkeit (B) feststellen, dass Sie doch noch einmal zu Ihrem Ziel zurückkehren müssen, um es zu verändern. Zum Beispiel könnte es sich als sinnvoll erweisen, dass Sie genauer festlegen, welche Lebensmittel »Bio« sein können und bei welchen Lebensmitteln es für Sie momentan nicht möglich ist, Bio-Produkte zu kaufen. Häufig werden Sie jedoch feststellen, dass Zwischenziele, ein vorausschauender Umgang mit möglichen Hindernissen oder das Suchen nach Unterstützung Ihr Ziel zunehmend erreichbarer erscheinen lassen. Dies stärkt die Motivation, das Ziel anzugehen, und gibt Ihnen ein Gefühl von Selbstwirksamkeit. Und das ist ja, wie wir schon gesehen haben (ab S. 32), ein wichtiger Aspekt bei der Frage, ob man unter seinen perfektionistischen Tendenzen leidet oder nicht.

Natürlich kann es auch vorkommen, dass Sie bei einer realistischen Prüfung der situativen Rahmenbedingungen und Ihrer eigenen Fähigkeiten und Fertigkeiten feststellen, dass Sie sich ein Ziel gesetzt haben, das sich als kaum oder vielleicht sogar gar nicht erreichbar herausstellt. Hier lohnt es sich, sich intensiver mit den Etappenzielen auseinander zu setzen und erst einmal eines der Etappenziele zum Hauptziel zu machen. So könnten Sie sich z.B. erst einmal vornehmen, nach neuen Rezepten zu suchen, die regionales Gemüse verwenden, Kochen zu lernen und herausfinden, was Ihnen schmeckt oder was sich gut eignet, um zur Arbeit mitgenommen zu werden. Und noch eine letzte Bemerkung zur Realisierbarkeit (R) und Bewältigbarkeit (B). Ein Ziel steht selten alleine da. Für sich allein genommen, mag ein Ziel realistisch und bewältigbar erscheinen. Aber neben anderen Zielen, mit denen es sich Ihre zur Verfügung stehende Kraft und Zeit teilen muss, kann das schon anders aussehen. Bedenken Sie dies bei der Einschätzung der Realisierbarkeit (R) und Bewältigbarkeit (B).

Der letzte Schritt der PROBE ist die Auseinandersetzung mit der Objektivierbarkeit (O). Bei den meisten Zielen im Leben ist es nicht ganz einfach, Kriterien zu formulieren, an denen man ablesen kann, ob man ein Ziel erreicht hat und bei genauerer Betrachtung gibt es bei vielen Zielen deutlich mehr als ein Kriterium. Es lohnt sich jedoch, sich darüber Gedanken zu machen, woran wir eigentlich festmachen, ob wir ein Ziel erreicht haben. Zum einen kommen wir bei der realistischen Prüfung unserer Ziele (R) und ihrer Erreichbarkeit (B) ganz automatisch zu brauchbaren Kriterien. Zum anderen unterstützt uns die Auseinandersetzung mit objektiven Kriterien darin, unsere Aufmerksamkeit auf etwas zu lenken, was bei Perfektionisten oft zu kurz kommt: das Gelingen.

Bei objektiven Kriterien kann im Prinzip auch eine andere Person überprüfen, ob das Ziel erreicht wurde. Zum Beispiel kann ein Kriterium für das Konsumieren von Bio-Lebensmitteln sein, Bio-Milch zu kaufen. Ob Sie Bio-Milch im Kühlschrank haben, kann auch von einer anderen Person überprüft werden. Sich nur auf die eigene, gefühlte Einschätzung zu verlassen, birgt die Gefahr, bei gedrückter Stimmung zu glauben, ein Ziel nicht wirklich erreicht zu haben. Daran wird auch deutlich, warum es wichtig ist, Ziele positiv zu formulieren. »Bio-Lebensmittel konsumieren« ist ein positiv formuliertes Ziel. »Keine konventionellen Lebensmittel konsumieren« ist ein negativ formuliertes Ziel. Bei dem positiv formulierten Ziel ist jedes gekaufte Bio-Lebensmittel ein Erfolg, denn es entspricht dem, was Sie sich zum Ziel gesetzt haben. Das negative Ziel können Sie in diesem Sinne eigentlich nie erreichen, denn es macht zwar klar, was Sie *nicht* tun sollen, aber es bleibt völlig unklar, was Sie stattdessen tun können. Bei negativ formulierten Zielen spüren Sie daher im günstigen Fall Erleichterung darüber, dass es Ihnen gelungen ist, etwas zu vermeiden. Bei positiv formulierten Zielen haben Sie dagegen die Chance, sich zu freuen, wenn Sie eines erreicht haben. Beides sind im Grunde positive Emotionen, aber Freude ist stärker als Erleichterung und daher günstiger, um die Motivation aufrecht zu halten, weiter daran zu arbeiten, seine Ziele zu erreichen.

Versuchen Sie, so viele Kriterien für ihre Zielerreichung wie möglich zu finden. Ein weiteres Kriterium für das Ziel, Bio-Lebensmittel zu konsumieren, kann z. B. darin bestehen, dass Sie sich dafür einsetzen, dass die Kantine in Ihrem Betrieb ein Bio-Gericht im Angebot hat. Sie werden dadurch flexibler, was die Möglichkeiten des Gelingens anbelangt und es gelingt Ihnen vor allem bei komplexeren Zielen besser, auch Teilerfolge zu würdigen. Und dies gelingt noch besser, wenn Sie auch für Ihre Etappenziele Kriterien formulieren.

BOX 18 Warum sind Ziele wichtig?

Wir regulieren unser Verhalten, indem wir es an Zielen orientieren. Man nennt diesen Vorgang Selbstregulation. Um die Rolle von Zielen bei der Selbstregulation besser zu verstehen, ist es zunächst einmal günstig, sich statt einer Zielgeraden, an deren Ende eine Fahne mit der Aufschrift »Ziel« steht und eine Siegerehrung wartet, einen Kreis vorzustellen. Vermutlich kennen Sie den Begriff »Regelkreis«. Um so einen Kreis handelt es sich bei der folgenden Skizze. Sie orientiert sich an einem bedeutenden Modell zur Selbstregulation, das von Charles CARVER und Michael SCHEIER (1998) entwickelt wurde.

ABBILDUNG 10 Kreislauf zwischen Ereignis und eigenem Verhalten

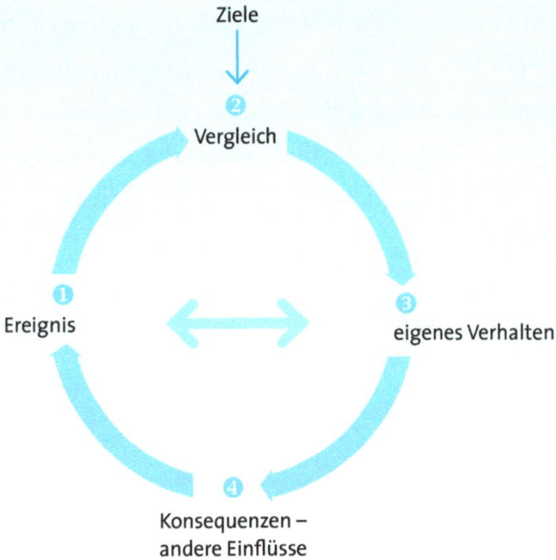

Wie Sie sehen können, liegen auf dem Kreis vier Stationen. Diese werden im Uhrzeigersinn durchlaufen. Der Kreislauf beginnt mit einem Ereignis, das uns widerfährt. Unter Ereignissen verstehen wir das, was wir erleben bzw. das, was in einer konkreten Situation gegeben ist. Dieses Ereignis wird in der zweiten Station mit unseren Zielen verglichen. Wenn wir z. B. das Ziel haben, nur noch Bio-Lebensmittel zu konsumieren, dann werden wir die Dinge, die wir einkaufen, jedes Mal mit diesem Ziel vergleichen. Das Resultat dieses Vergleichs beeinflusst unser Verhalten, die dritte Station. Zum Beispiel wenn wir in unserem Supermarkt stehen und kein Fleisch in Bio-Qualität finden (das Ereignis), dann verlassen wir den Supermarkt und suchen andere Lebensmittelgeschäfte auf (das Verhalten). Die Konsequenzen unseres Verhaltens vermischen sich mit anderen Einflüssen und bilden die vierte Station. Andere Einflüsse können alles Mögliche sein, von dem Verhalten anderer Menschen oder dem Wetter bis hin zu Dingen, die kaputtgehen oder sich zufällig glücklich fügen. Zum Beispiel könnten wir auf dem Weg zum anderen Lebensmittelgeschäft einen Kollegen treffen, der uns ein Rezept gibt, welches statt Fleisch Tofu erfordert. Unser Verhalten, dessen Konsequenzen und andere Einflüsse bilden gemeinsam wieder ein Ereignis, das wir mit unseren Zielen vergleichen – in unserem Beispiel also, ein neues Rezept mit Bio-Zutaten in den Händen zu halten. Auch dieses neue Ereignis vergleichen wir wieder mit unserem Ziel, ziehen aus dem Vergleich Schlüsse für unser weiteres Verhalten, beispielsweise könnten wir den Kollegen nach einem weiteren Rezept fragen usw.

Dieses Bild verdeutlicht, dass Ziele dazu dienen, den lebendigen Kreislauf zwischen Ereignissen und unserem Verhalten nach unseren Vorstellungen, also selbstbestimmt, zu steuern. Ziele sind nicht dazu da, uns das Gefühl zu geben, sich in einem Rennen zu befinden, bei dem am Ende, nach dem Erreichen des Ziels (und der Siegerehrung) weitere Ziele oder der Stillstand warten. Außerdem trägt dieses Bild der Tatsache Rechnung, dass auch Einflüsse von außen und

nicht nur das, was wir tun in dem lebendigen Kreislauf zwischen Ereignissen und unserem Verhalten eine Rolle spielen. Wer weiß, vielleicht beginnt ein reger Austausch an Rezepten zwischen Ihnen und Ihrem Kollegen!
Die perfektionistischen Denkmuster und die von Ihnen erarbeiteten alternativen angemessenen Gedanken lassen sich in der zweiten Station einordnen. Perfektionistischen Verhaltensweisen lassen sich in der dritten Station einordnen. Hier wird also noch einmal deutlich, welche Auswirkungen unsere Gedanken auf unser Leben haben.

Nebenwirkungen

In gewisser Weise ist eine PROBE Ihrer Ziele ein weiterer Weg zu lernen, auch in grau zu denken. Dies liegt vor allem an der Notwendigkeit, Etappenziele zu formulieren. Sie bieten die Möglichkeit zu erkennen, dass ein Scheitern sehr selten bedeutet, dass einem gar nichts gelungen ist. So mag es durchaus sein, dass Sie das Ziel, Bio-Lebensmittel zu konsumieren, nicht in vollem Ausmaß erreicht haben, weil Sie ab und an doch mal »sündigen«. So mag es durchaus sein, dass Sie das Ziel, Bio-Lebensmittel zu konsumieren, nicht in vollem Ausmaß erreicht haben. Aber Sie haben sich in Ihrem selbstbestimmten Handeln an eigenen Zielen orientiert. Und Sie waren auf Ihrem Weg offen für neue Einflüsse!

Probleme bei der PROBE Ihrer Ziele

Im Verlauf einer PROBE Ihrer Ziele werden Sie sich nicht nur damit beschäftigen, was alles dazu beitragen kann, dass Sie ein

Ziel erreichen, sondern Ihnen werden auch einige Hindernisse begegnen. Das sind häufig Gedanken, die man als TICs bezeichnet, sogenannte *task interfering cognitions* (Aufgaben behindernde Gedanken). TICs sind Annahmen, Einstellungen oder Überzeugungen, die uns daran hindern, ein Ziel in Angriff zu nehmen, wie z. B. »Das schaffe ich nie« oder »XY wird sicher alles tun, damit mir das nicht gelingt«. Es ist wichtig, sich mit diesen Gedanken auseinanderzusetzen und zu versuchen, sie zu entschärfen. Das kann man mit Hilfe sogenannter TOCs (*task oriented cognitions* bzw. aufgabenorientierte Gedanken). TOCs sind lösungsorientierte Alternativen zu den TICs wie beispielsweise »Das wird nicht einfach, aber ich bin darauf vorbereitet, dass es auch mal den einen oder anderen Rückschlag gibt und lasse mich nicht ins Boxhorn jagen« oder »XY wird zwar versuchen, sich mir in den Weg zu stellen, aber ich weiß ja, was auf mich zukommt und werde mich von ihm nicht unterkriegen lassen«.

Gehen Sie aktiv mit Ihren TICs um, indem Sie bei einer PROBE immer auch eine TIC-TOC-Liste anlegen. Benutzen Sie dazu die TIC-TOC-Liste auf S. 130 und tragen Sie dort in der Kopfzeile zunächst Ihr Ziel ein. Notieren Sie in der linken Spalte die TICs, die Ihnen im Verlauf einer PROBE in den Kopf kommen. Formulieren Sie dann in der rechten Spalte zu jedem TIC eine TOC-Alternative, die Ihnen helfen könnte, Ihr Ziel trotz des Hindernisses zu erreichen. Prüfen Sie außerdem Ihre TICs auf die perfektionistischen Denkmuster, mit denen Sie sich schon in den vorigen Kapiteln auseinandergesetzt haben. Vielleicht können Sie so sogar ein paar TICs streichen?

BOX 19 TIC-TOC-Liste

Mein präzise und positiv formuliertes Ziel:

Meine TICs	Meine TOCs

Wie wäre es mit einer ersten PROBE?

Dieses Kapitel stellt Ihnen Möglichkeiten vor, perfektionistische Tendenzen aus eigener Kraft zu verändern. Zu Anfang haben Sie den Nutzen und die Kosten Ihres Perfektionismus und die Nutzen und Kosten einer Veränderung abgewogen. Wenn Sie sich danach mit der Veränderung Ihrer Gedanken auseinandergesetzt haben, dann nehmen wir an dieser Stelle an, dass beide Waagen zu Gunsten einer Veränderung ausgeschlagen haben. Sie sind also motiviert für eine Veränderung. Eine direkte Veränderung der Gedanken hat eine indirekte Änderung des Verhaltens zur Folge, daher wollen wir uns nun der direkten Veränderung des Verhaltens widmen. Zur Veränderung sind dabei nicht nur Motivation, sondern auch Mittel und Ziele wichtig.

Zu Beginn dieses Kapitels haben wir geschrieben, dass wir noch einmal auf das Thema Ihrer Ziele zurückkommen werden. Jetzt ist es soweit. Es ist Zeit, das Ziel, Ihre perfektionistischen Tendenzen zu verändern, auf die PROBE zu stellen. Gehen Sie dafür noch einmal zurück auf Seite 81. Dort sollten Sie die negativen Konsequenzen Ihres Perfektionismus eintragen. Wenn Sie dieses Buch lesen, weil Sie diese negativen Konsequenzen nicht länger tragen wollen, dann wissen Sie also schon mal, was Sie nicht mehr wollen. Das ist ein guter Anfang, aber noch kein Ziel im Sinne von etwas, das man auf die PROBE stellen kann, denn das P steht für eine **p**ositive und **p**räzise Formulierung. Beginnen Sie daher damit, dass Sie aus der Negativ-Seite in Box 9 einen Punkt auswählen, den Sie als erstes verändern wollen. Steht dort beispielsweise, dass Ihre Partnerschaft darunter leidet, dass Sie so viel arbeiten, dann haben

Sie vielleicht den Wunsch, dass Sie Ihre Partnerschaft wegen Ihrer perfektionistischen Ansprüche bei der Arbeit in Zukunft nicht mehr vernachlässigen. Nun geht es darum, präzise und positive Ziele dazu zu formulieren. Zwei positiv formulierte Ziele könnten z. B. sein: (1) »Ich möchte unter der Woche an mindestens drei Tagen mindestens zwei Stunden Zeit mit meinem Partner bzw. meiner Partnerin verbringen« und (2) »Ich möchte am Wochenende mit meinem Partner bzw. meiner Partnerin mindestens zwei Dinge gemeinsam tun (z. B. zusammen spazieren gehen oder zusammen kochen)«. Nutzen Sie dann Box 20, um für die Erreichung Ihrer Ziele eine Strategie zu überlegen. Beginnen Sie mit dem positiv formulierten Ziel, das Ihnen am einfachsten zu erreichen erscheint. Sie üben ja und da sollte man auch oder gerade als Perfektionist erst einmal »klein« anfangen. Führen Sie parallel eine TIC–TOC-Liste, in der Sie Gedanken notieren, die mit möglichen Hindernissen auf dem Weg zu Ihrem Ziel zu tun haben. Versuchen Sie, zu diesen TICs die passenden TOCs zu finden, die Sie dabei unterstützen können, Ihr Ziel dennoch zu erreichen.

Belassen Sie es nicht dabei, das erste Ziel nur einer PROBE mit Papier und Bleistift zu unterziehen. Gehen Sie es an und versuchen Sie, Ihre Strategie in die Tat umzusetzen. Zwei Dinge sollten Sie dabei nicht vergessen:

- So wie es Übung braucht, um laufen zu lernen, braucht es auch Übung, das Positive darin zu sehen, perfektionistische Denkmuster zu erkennen, zu lernen, sie realistisch zu überprüfen und sich umsetzbare Ziele zu setzen. Wenn Sie diesen Weg gehen wollen, dann erlauben Sie sich bitte auch jetzt, laufen zu lernen. Es hat auch ein bisschen gedauert, als Sie vor vielen Jahren damit angefangen haben!

BOX 20 Was will ich wie verändern?

Welche negative Konsequenz meines Perfektionismus will ich in Angriff nehmen?

- Was sind meine positiv formulierten präzisen Ziele? Welches Ziel gehe ich als erstes an?
- Was sind mögliche Etappenziele?
- Welche Maßnahmen kann ich ergreifen, um meine Situation so zu verändern, dass ich mein Ziel erreichen kann?
- Welche Fähigkeiten habe ich, um mein Ziel zu erreichen und wie kann ich sie stärken?
- Woran kann ich festmachen, dass ich mein Ziel erreicht habe?

- Wenden Sie den Grundgedanken des Schwarz-Weiß-Tagebuchs an, während Sie sich daran machen, Ihr Ziel zu erreichen. Nehmen Sie sich die Zeit, ganz gezielt auf das zu achten, was Ihnen gelingt und würdigen Sie es, auch wenn es in Ihren Augen nur Kleinigkeiten sind. Und nehmen Sie sich immer wieder die Fragen zu den perfektionistischen Denkmustern vor, bevor Sie das, was Sie tun, bewerten.

Sich selbst wertschätzen statt zu bewerten

Oder wie es gelingen kann, Selbstwertkontingenzen zu entschärfen

In den vorigen Abschnitten haben wir Strategien vorgestellt, die Sie dabei unterstützen sollen, Probleme zu überwinden, mit denen sich Perfektionistinnen und Perfektionisten konfrontiert sehen. Diese Strategien haben sich an Prozessen orientiert, die die Forschung zum Perfektionismus als schädlich identifiziert hat:

- eine übermäßige Fokussierung auf das Negative, Fehler oder Defizite;
- perfektionistische Bedenken, die eng mit sogenannten »Denkfehlern« verknüpft sind;
- ein stark ausgeprägtes Motiv, Misserfolge zu vermeiden, statt auf einen Erfolg hinzuarbeiten.

Das Führen eines Schwarz-Weiß-Tagebuchs sollte Sie unterstützen, neben dem Negativen auch das Positive zu sehen und so zu lernen, Ihren positiven Seiten mehr Aufmerksamkeit zu schenken. Das Gedankentagebuch mit seiner Analyse möglicher perfektionistischer Denkmuster sollte Ihnen ermöglichen, zu prüfen, ob Ihre Gefühle des Versagens oder Scheiterns an der Realität orientiert sind. Die Strategie mittels einer PROBE realistische und bewältigbare Ziele zu formulieren, sollte Ihnen ein Mittel an die Hand geben, der Hoffnung auf Erfolg eine Chance zu geben und Vermeidungsverhalten oder Prokrastinationstendenzen aufzubrechen.

Wir sind dabei immer wieder auf Nebenwirkungen eingegangen, die sich auf einen weiteren Aspekt beziehen, den die Forschung als problematisch für Perfektionisten herausgearbeitet hat: Die Abhängigkeit des Selbstwerts von der eigenen Leistung und der Anerkennung anderer – die sogenannten Selbstwertkontingenzen (siehe S. 41). In einer Leistungsgesellschaft wie der, in der wir leben, sind beide Aspekte eng miteinander verknüpft. Von Kindesbeinen an lernen wir nämlich, dass wir für gute Leistungen Anerkennung bekommen.

Wie wir in unserem Modell zum problematischen Perfektionismus (S. 88) deutlich gemacht haben, ist die Vorstellung, nicht viel wert zu sein, die Hauptursache dafür, dass Menschen an anspruchsvollen, fordernden Zielen und Ansprüchen festhalten, obwohl sie die negativen Konsequenzen dieses Tuns überdeutlich spüren. Sie tun das, weil sie das Gefühl haben, wertlos zu sein, wenn sie keine hervorragenden Leistungen erbringen oder von anderen anerkannt werden. Wie wir gesehen haben, gehören zu diesem Gefühl die »passenden« Gedanken. Vielleicht sind Sie solchen Gedanken auch schon begegnet, als Sie sich mit Denkmustern in Situationen auseinandergesetzt haben, in denen Sie das Gefühl hatten, gescheitert zu sein. Wenn Sie wollen, können Sie die Box 21 nutzen, um sich etwas genauer anzuschauen, woran Sie eigentlich das Gefühl, etwas wert zu sein, also Ihr Selbstwertgefühl, festmachen.

BOX 21 Weil ich es mir wert bin

Ich fühle mich gut und wertvoll wenn ...	Ich fühle mich schlecht und wertlos wenn ...

Markieren Sie die Punkte, die mit Ihrer Leistung oder mit der Anerkennung durch andere zu tun haben.

Schätzen Sie hier bitte ein, wie stark Ihr Selbstwertgefühl von Ihrer Leistung abhängt:
Gar nicht 1 2 3 4 5 6 7 8 9 10 Fast vollständig

Schätzen Sie hier bitte ein, wie stark Ihr Selbstwertgefühl von der Anerkennung durch andere abhängt
Gar nicht 1 2 3 4 5 6 7 8 9 10 Fast vollständig

Je häufiger in Box 21 Situationen vorkommen, die sich darum drehen, wie andere auf Sie reagieren und je häufiger diese Reaktionen mit etwas zu tun haben, das Sie in Ihren Augen besonders gut oder eben auch nicht so gut gemacht haben, umso stärker sind Ihre Selbstwertkontingenzen bzw. Ihr bedingtes Selbstwertgefühl. Ein bedingtes Selbstwertgefühl kann sowohl mit einem hohen als auch mit einem niedrigen Selbstwertgefühl einhergehen. Es hängt davon ab, ob man gerade das Gefühl hat, erfolgreich zu sein bzw. Anerkennung zu bekommen oder ob das Gegenteil der Fall ist. Da es sehr schwierig sein wird, einen Menschen zu finden, der nur Erfolg in seinem Leben hat und Anerkennung bekommt, ist ein bedingtes Selbstwertgefühl zwangsläufig ein schwankendes: Läuft alles gut, haben wir Erfolg und spüren die Anerkennung anderer, dann ist auch unser Selbstwert hoch. Läuft es schlecht, misslingt uns etwas und meinen wir Ablehnung zu spüren, ist unser Selbstwertgefühl niedrig.

Das ist bei allen Menschen so. Wir sind soziale Wesen und daher ist es uns wichtig, Dinge zu tun, die von anderen anerkannt werden. Auch sehr gute Leistungen sind etwas Wichtiges. Wir profitieren täglich davon, dass es Menschen gibt, die nicht müde werden, Fehler auszumerzen und Dinge zu optimieren. Auch auf die Gefahr hin, dass wir uns wiederholen: Fokussiert man sich eher auf Misserfolge, was bei Perfektionisten häufig der Fall ist, besteht die Gefahr, dass das Selbstwertgefühl häufiger niedrig ist als hoch.

BOX 22 Informationen zum Selbstwertgefühl

Vielleicht fragen Sie sich, ob Ihr Selbstwertgefühl weniger ausgeprägt ist, als das anderer Menschen. Um die Ausprägung ihres Selbstwertgefühls mit einem Punktwert zu beschreiben, beantworten Sie die folgenden Aussagen, indem Sie sich für eines der sechs Kästchen entscheiden. Die (1) steht hier für eine starke Ablehnung der Aussage, die (6) für eine strake Zustimmung.

Alles in allem bin ich mit mir selbst zufrieden.	1	2	3	4	5	6	
Ich besitze eine Reihe guter Eigenschaften.	1	2	3	4	5	6	
Ich besitze die gleichen Fähigkeiten wie die meisten anderen Menschen auch.	1	2	3	4	5	6	
Ich halte mich für einen wertvollen Menschen, jedenfalls bin ich nicht weniger wertvoll als andere auch.	1	2	3	4	5	6	
Ich habe eine positive Einstellung zu mir selbst.	1	2	3	4	5	6	
Addieren Sie die Punkte und tragen Sie den Wert hier ein:							=

Bei den nächsten Aussagen ist die Bedeutung der Zahlen eine andere. Hier steht die (6) für eine starke Ablehnung und die (1) für eine starke Zustimmung.

Sollten Sie weniger als 39 Punkte erhalten, dann ist Ihr Selbstwertgefühl momentan so niedrig, dass 90 Prozent der Befragten einer repräsentativen Stichprobe in Deutschland ein höheres Selbstwertgefühl mit diesen Aussagen zum Ausdruck gebracht haben als Sie (Roth u.a. 2008).

Falls ein sehr niedriger Punktwert Ihr Selbstwertgefühl beschreibt, fragen Sie sich, ob Sie sich schon länger so schlecht bewerten. Wir sind im Zusammenhang mit dem Schwarz-Weiß-Tagebuch auf einige Symptome einer depressiven Episode eingegangen (S. 75). Ein weiteres Symptom einer depressiven Episode kann ein niedriges Selbstwertgefühl sein. Das bedeutet, dass mit einer erfolgreich behandelten Depression auch das niedrige Selbstwertgefühl verschwindet. Ein niedriges Selbstwertgefühl kann aber auch die Folge einer anderen psychischen Erkrankung sein. Verliert jemand z.B. aufgrund der massiven Angst vor anderen Menschen zu sprechen seine Arbeitsstelle, dann kann das dazu führen, dass er oder sie sich wertlos fühlt und dass das Selbstwertgefühl dementsprechend sinkt. Auch hier verschwindet das niedrige Selbstwertgefühl nach erfolgreicher Behandlung der Sprechangst und der wiedererlangten Möglichkeit einer Arbeit nachzugehen. Schließlich kann ein niedriges Selbstwertgefühl auch der Ausgangspunkt sein, der zu Leid und unter Umständen auch zu einer psychischen Erkrankung führt. Psychologisches Fachwissen ermöglicht es die Prozesse zu identifizieren, die dafür sorgen, dass ein niedriges Selbstwertgefühl erhalten bleibt. Im Rahmen einer Therapie können diese Prozesse gezielt angegangen und das Selbstwertgefühl stabilisiert werden.

Das Fazit ist also: Sollten Sie unter einem niedrigen Selbstwertgefühl leiden, dann kann eine Psychotherapie helfen.

In Bezug auf den Perfektionismus haben wir gesehen, dass hohe Standards dann zum Problem werden, wenn eines hinzu kommt: ein übermäßiger Fokus auf das Negative, z. B. die Angst zu versagen oder andere perfektionistische Bedenken. Beim kontingenten Selbstwertgefühl verhält es sich andersherum. Er wird zum Problem, wenn etwas fehlt: die Selbstakzeptanz. Darunter versteht man die Wertschätzung seiner selbst, mit all seinen Stärken und Schwächen. Es ist menschlich, dass es einem leichter fällt, sich zu mögen und wertvoll zu finden, wenn man etwas gut gemacht hat oder andere einen loben und anerkennen. Ebenso menschlich ist es, dass man es nicht so schön findet, wenn einem Fehler unterlaufen oder andere einen zurückweisen oder kritisieren. Verfügt man über eine hohe Selbstakzeptanz, wird man dies aber besser wegstecken können. Man kann dann leichter akzeptieren, dass man mal scheitert und dass es Menschen gibt, die einen kritisieren, ohne dass man sich gleich als ganze Person in Frage stellt und abwertet.

Je besser es uns gelingt, uns selbst zu akzeptieren, umso unabhängiger können wir von der »Messung« unseres Wertes werden. Bei genauerer Betrachtung können wir sogar zu dem Schluss kommen, dass eine »Messung« unseres »Wertes« ein Ding der Unmöglichkeit ist. Jeder von uns ist so einzigartig, so komplex und facettenreich, dass es vermessen wäre, uns als ganze Person zu bewerten. Hinzu kommt, dass wir uns ständig weiterentwickeln und uns verändern. Nicht als Person als Ganzes, aber doch in Teilbereichen. Und schließlich hängt es ja auch von den Situationen ab, in denen wir uns befinden und den Menschen, mit denen wir zusammen sind, welche Seiten wir zeigen können und wollen. Wie sollte man uns da als Ganzes messen und bewerten können?

Selbstakzeptanz bedeutet, dass man sich zunächst diese Komplexität vor Augen führt und sich selbst nicht auf wenige Teilbereiche der eigenen Person reduziert. Das Führen des Schwarz-Weiß-Tagebuchs hatte genau das als »Nebenwirkung«: Es sollte Ihren Wahrnehmungsraum erweitern. Wenn Sie sich aktiv auf die Suche gemacht haben nach dem, womit Sie sich wohl gefühlt haben, was Ihnen gelungen ist oder worauf Sie vielleicht sogar stolz gewesen sind, dann kommen Sie auch dieser Komplexität näher. Auch die »Nebenwirkungen« des Gedankentagebuchs und der Prüfung auf mögliche perfektionistische Denkmuster haben etwas mit der Wahrnehmung Ihrer Komplexität zu tun. Es sollte Sie selbstbewusst in dem Sinne machen, dass Sie sich Ihrer selbst *bewusst* werden und Automatismen infrage stellen.

Ein weiterer Aspekt der Selbstakzeptanz hat etwas mit unserer Fähigkeit zu lernen zu tun. Denken Sie noch einmal an das Bild des Laufenlernens, das wir Ihnen bei der Umsetzung Ihrer PROBE ans Herz gelegt haben. Würden Sie einem Kleinkind den Wert absprechen, weil es ein paar Anläufe braucht, um ohne Halt stehen und gehen zu können? Sicher nicht. Sie akzeptieren bestimmt, dass die Fähigkeit dazuzulernen ein nicht wegzudenkender Wesenszug von uns ist. Bei genauerer Betrachtung kommen Sie vielleicht sogar zu dem Schluss, dass die Fähigkeit zu lernen etwas sehr Wertvolles ist. Und längst haben wir von der Idee Abschied genommen, dass das Lernen auf das Kindes- und Jugendalter beschränkt bleibt. Die realistische Prüfung Ihrer Gedanken auf perfektionistische Denkmuster (ab S. 107), zielt genau darauf ab. Irgendwann haben Sie gelernt, so zu denken und zu urteilen, wie Sie es tun. Weil es zu einer bestimmten Zeit Ihres Lebens richtig war, so zu denken und zu urteilen, haben sich manche Denkmuster automatisiert. Sie sind zu Denkschemata geworden. Wenn Sie z. B. dazu neigen, Ihren Fehlern katastrophale Konsequenzen zuzuschreiben, dann war dies für Sie zu einer bestimmten Zeit auch so und hat daher seine Berechtigung. Die Tatsache, dass sich dieses Denken automatisiert hat, bedeutet aber nicht, dass Sie nun Ihr Leben lang daran festhalten müssen. Auch der Grad, in dem wir uns selbst akzeptieren, hat, ebenso wie die Selbstwertkontingenzen, seine Wurzeln in unserer Kindheit. Hier hat ebenfalls eine Automatisierung stattgefunden und auch hier sind Schemata entstanden – mehr oder weniger unbewusste Muster, nach denen wir uns selber bewerten.

Das Gute ist: Wenn man etwas gelernt hat, dann kann man es auch wieder verlernen und sich stattdessen neue Strategien aneignen. Wie Laufenlernen oder zu lernen mit Stäbchen zu essen, ist das nicht immer einfach und man darf sich nicht zu viel auf einmal vornehmen. Es ist besser, erst einmal auf festem Boden das Laufen zu üben oder sich mit den Stäbchen nicht gleich die kleinsten und dünnsten Stücke vorzunehmen. Das Anwenden des Prinzips der PROBE auf Ihren Wunsch, an Ihrem Perfektionismus etwas zu verändern, soll Sie dabei unterstützen. Dies gilt vor allem für sein Herzstück, das O. Sie bestimmen hier, woran Sie festmachen, dass Sie ein Ziel erreicht haben. Es ist nicht falsch, wenn darunter Kriterien sind, die etwas mit der Anerkennung durch andere zu tun haben, aber nutzen Sie auch die Chance, solche zu finden, die unabhängig von der Einschätzung einer bestimmten Person oder Personengruppe sind. Wer weiß schon, wie realistisch deren Maßstäbe sind?

Selbstakzeptanz bedeutet schließlich auch, sich als das zu sehen, was alle Menschen sind: nicht perfekt, sondern fehlbar. Auch nur ein Mensch eben. Wenn Sie es sich zum Ziel setzen, Fehler vermeiden zu wollen, dann unterziehen Sie dieses Ziel einer PROBE. Formulieren Sie das Ziel positiv, indem Sie nicht formulieren, was Sie vermeiden wollen, sondern formulieren Sie so präzise wie möglich, was Sie stattdessen tun wollen. Gehen Sie auch die anderen Buchstaben durch. Sie werden schnell merken, ob sich dieser Fehler in Zukunft vermeiden lassen wird. Vielleicht ist es aber auch sinnvoller, an Ihrer Situation etwas zu verändern oder sich neue Fähigkeiten anzueignen. Geben Sie sich die Chance, aus Ihren Fehlern zu lernen!

Der unproblematische Perfektionismus

Zu guter Letzt wollen wir dem Modell zum problematischen Perfektionismus noch ein Modell zum unproblematischen Perfektionismus zur Seite stellen. Jeder Kasten im Modell wurde ausgetauscht. Wir glauben, dass dieses Modell eine gesunde und selbstbestimmte Möglichkeit verdeutlicht, wie mit hohen Ansprüchen an die eigene Leistung umgegangen werden kann.

ABBILDUNG 11 Modell eines unproblematischen Perfektionismus

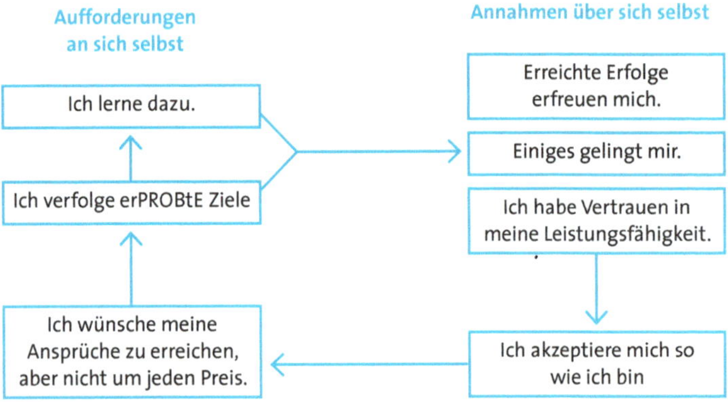

Wir schlagen folgende Übung vor, um sich den Unterschied zwischen einem problematischen und einem unproblematischen Perfektionismus noch einmal ganz deutlich vor Augen zu führen: Zeichnen Sie mit einem Bleistift das Model eines problematischen Perfektionismus auf Seite 88 nach. Suchen Sie sich einen Kasten aus. Lesen Sie den Satz im Kasten. Radieren Sie dann den Satz weg und schreiben Sie den Satz des entsprechenden Kastens aus dem Modell eines unproblematischen Perfektionismus hin. Überlegen Sie dabei, inwiefern sich der neue von dem alten Satz unterscheidet. Fahren Sie danach genau so mit den folgenden Kästen fort, bis auf ihrem Blatt das Modell eines unproblematischen Perfektionismus steht.

Zum Schluss

Vielleicht haben Sie, wenn Sie bei diesem Nachwort angekommen sind, diesen Ratgeber aufmerksam durchgelesen und fühlen sich erst einmal in Ihrem *perfektionistischen Streben* anerkannt. Ja, das stimmt! Sich anspruchsvolle Ziele zu setzen und hohe Ansprüche zu haben, ist an sich nicht verwerflich oder ungesund und muss deshalb auch nicht in jedem Fall geändert werden. Das schädliche Potenzial von anspruchsvollen Zielen und hohen Ansprüchen entwickelt sich erst durch die Fokussierung auf Defizite und Fehler und ihre als extrem negativ wahrgenommenen Konsequenzen zusammen mit dem stark ausgeprägten Motiv, Misserfolge um jeden Preis zu vermeiden. Wenn sich schließlich Zweifel an der eigenen Leistung zusammengetan haben mit der Bindung des Selbstwertgefühls an Erfolg, dann können hohe Standards und Ansprüche zum Problem werden. Diesen Zusammenhang haben wir in der Abbildung 7 (S. 88) im Modell eines problematischen Perfektionismus veranschaulicht.

Einen Ausweg aus diesem *problematischen Perfektionismus* bieten das Aufspüren, Überprüfen und Verändern von *perfektionistischen Bewertungs- und Gedankenmustern* und die Erprobung eigener Ziele. Dazu dienen die Übungen im Kapitel »Hilfe zur Selbsthilfe«. Vielleicht haben Sie einige der Übungen schon ausprobiert und sind auf dem Weg hin zu einem *unproblematischen Perfektionismus* so wie er in Abbildung 11 (S. 144) abgebildet ist. Ganz im Sinne des *unproblematischen Perfektionismus*: Erkennen Sie eigene Erfolge auf diesem Weg an und vergessen Sie nicht, sich über sie zu freuen und sich dafür zu belohnen!

Der Weg zum *unproblematischen Perfektionismus* ist keiner, der einfach oder gar schnell zu bewältigen ist. Gestehen Sie sich Zeit zum Üben zu und machen Sie sich immer wieder bewusst, dass Lernen damit verbunden ist, dass immer mal wieder etwas auch nicht so gut klappt. Wenn Sie allerdings merken, dass Sie immer wieder mit den gleichen Problemen zu kämpfen haben, oder wenn sich das Gefühl einstellt, dass Sie auf Ihrem Weg nicht weiter kommen, dann holen Sie sich Unterstützung durch einen Therapeutin oder Therapeuten. Sie sind es wert, unterstützt zu werden!

Kennen Sie diesen, dem Dalai Lama zugeschriebenen Satz »Bedenke: Nicht zu bekommen, was man will, ist manchmal ein großer Glücksfall.«? Wie ein Blick in den Duden zeigt, bedeutet Perfektion bzw. Perfektsein *Vollendung*, ein Wort, das den Begriff »Ende« in sich trägt. In diesem Sinne bringt Vollendung den Kreislauf zwischen Ereignissen und eigenem Verhalten, wie wir ihn in Abbildung 10 (S. 126) dargestellt haben, zum Stillstand und führt in letzter Konsequenz zu einem Zustand der Leblosigkeit, in dem alle Austauschprozesse beendet sind. Können wir Perfektionistinnen und Perfektionisten uns da nicht glücklich schätzen, dass wir zwar nach Perfektion streben, sie aber so gut wie nie erreichen, oder?

Danksagungen

Wir wollen dieses Buch nicht abschließen, ohne den Personen zu danken, die uns in unserer Arbeit daran unterstützt haben. Unser besonderer Dank gilt zwei Perfektionistinnen, die auf äußerst funktionale Art, aber mit einem geübten Blick für Defizite und

Fehler, unseren Text gelesen haben. Julia Auer verdanken wir einige wertvolle Anregungen für praktische Beispiele und sinnvolle Ergänzungen und Silke Hoffmeyer war uns eine unschätzbare Hilfe beim Auffinden von Fehlern, die sich in das Manuskript eingeschlichen hatten. Danken möchten wir auch Amelie Möhring für ihr Auffinden von verbesserungswürdigen Stellen im Text und schließlich Sandra Kieser, unserer Lektorin, die uns mit großem Engagement begleitet und unterstützt hat.

Anhang

Emotionen

Auf wichtige Ereignisse reagieren wir mit einer Emotion. Zu einer Emotion gehören, neben dem empfundenen Gefühl auch körperliche Reaktionen, der Drang, bestimmte Handlungen zu vollziehen, und typische Gedanken. Im Rahmen der kognitiven Verhaltenstherapie werden Gedanken, also die Bewertung des Ereignisses und die Bedeutung, die dieses Ereignis für mich hat, als Auslöser für das empfundene Gefühl angesehen. In dem Sinne, dass sich in einer Emotion, die ich erlebe, die Bedeutung ausdrückt, welches ein Ereignis für mich hat, kann man dabei von einem Thema sprechen.

Emotion	körperliche Reaktionen	Handlungstendenz	Thema
	Ich (fühle mich) ...	*Ich habe den Drang ...*	*In diesem Moment ...*
Freude	energiegeladen, unverkrampft, großzügig.	mein Gefühl zu erhalten.	erreiche ich ein Ziel bzw. komme diesem Ziel ein Stück näher.
		mein Gefühl zu teilen.	werden meine Bedürfnisse erfüllt.
Stolz	richte mich auf, weite meinen Brustkorb.	mich zu zeigen.	habe ich eine gute Leistung vollbracht oder handle selbstbestimmt.
	erfrischt, beschwingt, stark, wertvoll.	anerkannt zu sein.	wertschätze ich mich selbst.

Emotion	körperliche Reaktionen	Handlungstendenz	Thema
	Ich (fühle mich) ...	*Ich habe den Drang ...*	*In diesem Moment ...*
Angst	spüre Herzklopfen, verkrampfe den Bauch.	zu flüchten.	droht eine Gefahr.
	unruhig, schwindlig.	andere zu warnen.	
Scham	wende mein Gesicht ab, drehe mich weg.	mich zu verbergen.	habe ich einen Fehler gemacht.
	bloßgestellt, schwach.	mich zu verbessern.	werde ich Ansprüchen und Vorstellungen nicht gerecht und enttäusche.
Schuld	verkrampfe, verenge meine Brust.	mich zu bestrafen.	habe ich mich nicht richtig verhalten.
	erwischt, heiß und kalt.	es wieder gut zu machen.	hätte ich mich auch richtig bzw. besser verhalten können.
Wut	angespannt, erhitzt.	zu drohen, anzugreifen.	wird verhindert, dass ich mein Ziel erreiche oder Angenehmes tun kann.
	angegriffen, abgewertet.	zurechtzuweisen.	werde ich von anderen nicht genug geachtet.
	fokussiert, ungehemmt.		liegt ein Fehlverhalten vor.
Traurigkeit	lasse die Schultern hängen, gehe schleppend.	mich zurückzuziehen.	habe ich etwas Wichtiges unwiederbringlich verloren.
	abgerissen, erschöpft, leer.	getröstet zu werden.	ist etwas Schönes, z. B. ein erwartetes Erfolgserleben, nicht eingetreten.
	gelähmt.		kann nichts gegen den Verlust getan werden.

Literatur

Altstötter-Gleich, C. & Bergemann, N. (2006): Testgüte einer deutschsprachigen Version der Mehrdimensionalen Perfektionismus Skala von Frost, Marten, Lahart und Rosenblate (MPS-F). Diagnostica, 52 (3), S. 105–118.

Appleton, P.R. & Curran, T. (2016): The origins of perfectionism in sport, dance, and exercise: an introduction to the conceptual model of perfectionism development. In: A.P. Hill (Hg.): Psychology of Perfectionism in Sport, Dance and Exercise. London: Routledge, S. 57–81.

Appleton, P.R., Hall, H.K.; Hill, A.P. (2010): Family patterns of perfectionism: An examination of elite junior athletes and their parents. Psychology of Sport and Exercise, 11(5), S. 363–371.

Bandura, A. (1976): Self-reinforcement: Theoretical and methodological considerations. Behaviorism, 4 (2), S. 135–155.

Burns, D.D. (1980): The perfectionist's script for self-defeat. Psychology today, 14 (6), S. 34–52.

Carver, C.S. & Scheier, M.F. (1998): On the self-regulation of behavior. Cambridge: Cambridge University Press.

Cohen, J.S.; Edmunds, J.M.; Brodman, D.M.; Benjamin, C.L.; Kendall, P.C. (2013): Using Self-Monitoring. Implementation of Collaborative Empiricism in Cognitive-Behavioral Therapy. Cognitive and Behavioral Practice, 20 (4), S. 419–428.

Crocker, J. & Knight, K. M. (2005): Contingencies of self-worth. Current directions in psychological science, 14 (4), S. 200–203.

DESTATIS (2016): Ausstattung mit Gebrauchsgütern. Ausstattung privater Haushalte mit PC, Internetzugang und Breitbandanschluss im Zeitvergleich. www.destatis.de/DE/ZahlenFakten/GesellschaftStaat/EinkommenKonsumLebensbedingungen/AusstattungGebrauchsguetern/Tabellen/ZeitvergleichAusstattung_IKT.html (23.6.2017).

Dorsch, F.; Wirtz, M.A.; Strohmer, J. (Hg.) (2013): Dorsch. Lexikon der Psychologie (16. Auflage). Bern: Huber.

Egan, S.J.; Wade, T.D.; Shafran, R. (2011): Perfectionism as a transdiagnostic process: a clinical review. Clinical psychology review, 31 (2), S. 203–212.

Egan, S.J.; Wade, T.D.; Shafran, R.; Antony, M.M. (2014): Cognitive-behavioral treatment of perfectionism. New York: Guilford Publications.

Ellis, A. (1991): The revised ABC's of rational-emotive therapy (RET). Journal of Rational-Emotive and Cognitive-Behavior Therapy, 9 (3), S. 139–172.

Engeser, S. (2005). Messung des expliziten Leistungsmotivs: Kurzform der Achievement Motives Scale. www.uni-trier.de/fileadmin/fb1/prof/PSY/PGA/bilder/Engeser__2005__Kurzform_der_AMS.pdf (27.6.2017).

Flett, G.L. & Hewitt, P.L. (2002). Perfectionism and maladjustment: An overview of theoretical, definitional, and treatment issues. In: G.L. Flett & P. L. Hewitt (Hg.): Perfectionism. Theory, research, and treatment. Washington, DC: American Psychological Association, S. 5–31.

Flett, G.L.; Hewitt, P.L.; Oliver, J. M.; Macdonald, S. (2002): Perfectionism in children and their parents: A developmental analysis. In G.L. Flett & P.L. Hewitt (Hg.): Perfectionism. Theory, research, and treatment. Washington, DC: American Psychological Association, S. 89–132.

Frost, R.O.; Marten, P.; Lahart, C.; Rosenblate, R. (1990): The dimensions of perfectionism. Cognitive Therapy and Research, 14 (5), S. 449–468.

Hamachek, D.E. (1978): Psychodynamics of normal and neurotic perfectionism. Psychology: A Journal of Human Behavior, 15, S. 27–33.

Hewitt, P.L. & Flett, G.L. (1990): Perfectionism and depression: A multidimensional analysis. Journal of Social Behavior and Personality, 5 (5), S. 423–428.

Hewitt, P.L. & Flett, G.L. (2013): When does consciousness become perfectionism? Current Psychiatry, 6 (7), S. 49–60.

Hewitt, P.L.; Flett, G.L.; Sherry, S.B.; Habke, M.; Parkin, M.; Lam, R.W.; McMurtry, B.; Ediger, E.; Fairlie, P.; Stein, M.B. (2003): The interpersonal expression of perfectionism. Perfectionistic self-presentation and psychological distress. Jounal of Psychology and Social Psychology, 91, S. 113–1137.

Hill, A.P.; Hall, H. K.; Appleton, P. R. (2010). Perfectionism and athlete burnout in junior elite athletes: the mediating role of coping tendencies. Anxiety, stress, and coping, 23 (4), S. 415–430.

Iranzo-Tatay, C.; Gimeno-Clemente, N.; Barbera-Fons, M.; Rodriguez-Campayo, M. A.; Rojo-Bofill, L.; Livianos-Aldana, L. u.a. (2015): Genetic and environmental contributions to perfectionism and its common factors. Psychiatry research, 230 (3), S. 932–939.

Johnson, M. & Blom, V. (2007): Development and validation of two measures of contingent self-esteem. Individual Differences research, 5 (4), S. 300–328.

Kamakura, T.; Ando, J.; Ono, Y.; Maekawa, H. (2003): A Twin Study of Genetic and Environmental Influences on Psychological Traits of Eating Disorders in a Japanese Female Sample. Twin Research, 6 (04), S. 292–296.

LoCicero, K.A. & Ashby, J.S. (2000): Multidimensional perfectionism in middle school age gifted students. A comparison to peers from the general cohort. Roeper Review, 22 (3), S. 182–185.

McClelland, D. C. (1987). Human motivation. Cambridge: Cambridge University Press.

Moser, J. S.; Slane, J. D.; Alexandra Burt, S.; Klump, K. L. (2012): Etiologic relationships between anxiety and dimensions of maladaptive perfectionism in young adult female twins. Depression and anxiety, 29 (1), S. 47–53.

Mousavi, S.; Low, W.; Hashim, A. (2016): The relationships between perceived parental rearing style and anxiety symptoms in Malaysian adolescents: the mediating role of early maladaptive schemas. Journal of Depression and Anxiety, 2, doi:10.4172/2167-1044.S2-009.

Nepon, T.; Flett, G.L.; Hewitt, P.L.; Molnar, D.S. (2011): Perfectionism, negative social feedback, and interpersonal rumination in depression and social anxiety. Canadian Journal of Behavioural Science/Revue canadienne des sciences du comportement, 43 (4), S. 297–308.

Rasmussen, K.E. & Troilo, J. (2016): »It Has to be Perfect!«: The Development of Perfectionism and the Family System. Journal of Family Theory & Review, 8 (2), S. 154–172.

Roth, M.; Decker, O.; Herzberg, P.Y.; Brähler, E. (2008): Dimensionality and norms of the Rosenberg Self-Esteem Scale in a German general population sample. European Journal of Psychological Assessment, 3, S. 190–197.

Shafran, R.; Cooper, Z.; Fairburn, C.G. (2002): Clinical perfectionism. A cognitive–behavioural analysis. Behaviour Research and Therapy, 40 (7), S. 773–791.

Shafran, R.; Egan, S.; Wade, T. (2010): Overcoming perfectionism. A self-help guide using cognitive behavioral techniques. London: Robinson.

Slade, P.D. & Owens, R.G. (1998): A dual process model of perfectionism based on reinforcement theory. Behavior modification, 22 (3), S. 372–390.

Slaney, R.B.; Rice, K.G.; Mobley, M.; Trippi, J.; Ashby, J.S. (2001): The revised almost perfect scale. Measurement and evaluation in counseling and development, 34 (3), S. 130–145.

Spitzer, N. (2016). Perfektionismus und die Folgen – psychische Störungen und andere belastende Auswirkungen. In: N. Spitzer (Hg.): Perfektionismus und seine vielfältigen psychischen Folgen. Ein Leitfaden für Psychotherapie und Beratung. Berlin, Heidelberg: Springer, S. 49–63.

Stoeber, J. & Otto, K. (2006): Positive conceptions of perfectionism: Approaches, evidence, challenges. Personality and social psychology review, 10 (4), S. 295–319.

STOEBER, J.; HUTCHFIELD, J.; WOOD, K. V. (2008). Perfectionism, self-efficacy, and aspiration level. Differential effects of perfectionistic striving and self-criticism after success and failure. Personality and Individual Differences, 45 (4), S. 323–327.

STOEBER, J.; MADIGAN, D.J.; DAMIAN, L.E.; ESPOSITO, R.M.; LOMBARDO, C. (2016): Perfectionism and eating disorder symptoms in female university students: the central role of perfectionistic self-presentation. Eating and weight disorders, doi:10.1007/s40519-016-0297-1.

WADE, T.D. & BULIK, C.M. (2007): Shared genetic and environmental risk factors between undue influence of body shape and weight on self-evaluation and dimensions of perfectionism. Psychological medicine, 37 (5), S. 635–644.

WILSON, C.; HUNTER, S.C.; RASMUSSEN, S.; MCGOWAN, A. (2015): They made you perfect: A test of the Social Reaction Model of Perfectionism. Aggressive behavior, 41 (5), S. 421–431.

Weltgesundheitsorganisation, WHO (1998): Info Package: Mastering Depression in Primary Care, Version 2.2. Frederiksborg: WHO, Regional Office for Europe, Psychiatric Research Unit.

ZLOTNICK, C.; HOHLSTEIN, L.A.; SHEA, M.T.; PEARLSTEIN, T.; RECUPERO, P.; BIDADI, K. (1996): The relationship between sexual abuse and eating pathology. International Journal of Eating Disorders, 20 (2), S. 129–134.

Platz für Ihre Notizen

Matthias Hammer (Hg.)
Das innere Gleichgewicht finden
Achtsame Wege aus der Stressspirale
2. Auflage 2012
272 Seiten, 18 Euro (D), 18,50 Euro (A)
ISBN Print: 978-3-86739-049-1

Chronische Stressbelastungen sind oft Verursacher von Erschöpfung, Burnout und Depressionen. Ziel dieses Buches ist es, die ganz persönlichen Stressverstärker zu identifizieren, diese Schritt für Schritt abzubauen und so zu einem inneren Gleichgewicht zu finden.
Wer sein Leben stressfreier gestalten möchte, bekommt mit diesem Ratgeber einen besonderen Schlüssel in die Hand: Achtsamkeit. Der Autor hat den achtsamkeitsbasierten Ansatz mit emotionspsychologischen Erkenntnissen verbunden und das WEG-Modell mit Entspannungsmethoden und lösungsorientiertem Verhalten entwickelt. Sein Ansatz hilft dabei, persönliche Werte und Lebensziele herauszufinden und umzusetzen. Der Neuorientierung, die langfristig für das innere Gleichgewicht so wichtig ist, wird besonders viel Raum gegeben.

FSC
www.fsc.org
MIX
Papier | Fördert gute Waldnutzung
FSC® C083411

Zeitfracht Medien GmbH
Ferdinand-Jühlke-Straße 7
99095 Erfurt, Deutschland
produktsicherheit@kolibri360.de